루소 강의

Cours sur Rousseau

by Louis Althusser

© Yves Vargas

Première édition en 2012

© Le Temps des Cerises, éditeurs, 2015

77, boulevard Chanzy

93100 Montreuil

www.letempsdescerises.net

루소 강의

루이 알튀세르 지음 | 황재민 옮김

프리즘총서 034

그린비

차례

일러두기

1 이 책은 이브 바르가스가 알튀세르의 '루소 강의' 녹취록을 풀어서 책으로 엮은 Louis Althusser, *Cours sur Rousseau*(1972), édition établie par Yves Vargas, Paris: Le Temps des Cerises, 2015를 완역한 것이다.

2 주석은 모두 각주로 처리했으며, 옮긴이가 추가한 각주는 '＊' 기호를 사용했다.

3 대괄호([ ]) 안의 내용은 옮긴이가 독자의 편의를 위해 추가한 것이다.

4 단행본·정기간행물에는 겹낫표(『 』)를, 논문·단편 등에는 낫표(「 」)를 사용했다.

5 외국 인명과 지명, 작품명은 2002년 국립국어원에서 펴낸 외래어표기법을 따랐다.

엮은이 일러두기

이 책은 교수 자격시험 준비생들을 대상으로 개설된 1972년 파리고 등사범학교 강좌의 녹음 기록 일부를 충실하게 담아낸 것이다. 녹음은 알튀세르의 허락하에 강단 테이블 위에 둔 마이크를 거쳐 이뤄졌다.

강연 중에 나오는 약간의 말 더듬거림("음…, 어…")이라든지 반복되는 말, 그리고 카세트테이프를 교체하는 동안 누락되고 남은 말토막들 정도만 버렸다. 독자는 가브리엘페리재단을 통해 공중의 이용이 가능한 그 녹취록을 활용할 수도 있을 것이다.

나는 프랑수아 마트롱이 펴낸 쇠이유 판 강의록*을 읽다가 거기에 실린 알튀세르의 1956년 및 1966년 루소 강의와 관련해 내 서랍 속에 40년간이나 처박혀 있던 이 녹음 기록이 새로운 구상이나 활로, 인식 등을 가져다줄지 모른다고 생각하게 되었다. 그래서 가브리엘페리재단에서 카세트테이프를 위탁받았고 이렇게 책으로 나오게 되었다.

---

* Louis Althusser, *Politique et histoire, de Machiavel à Marx: Cours à l'École normale supérieure de 1955 à 1972*, Texte établi par, François Matheron, Seuil, 2006; 진태원 옮김, 『알튀세르의 정치철학 강의: 마키아벨리에서 마르크스까지』, 후마니타스, 2019.—옮긴이

엮은이 서문

한 철학자를 해설하는 다른 한 철학자에 대해 말한다는 것은 역설적인 시도이다. 해설을 해설한다?

그러니까 이 서문의 목적에 대해 오해하지 말기를 바란다. 루소의 텍스트들에 대해 웬만큼 알고 있는 이들은 곧장 알튀세르의 강의를 읽어 나가면 된다. 알튀세르 사상에 익숙한 이들 역시 마찬가지이다.

책을 여는 이 주해는 몇몇 인용구나 풍문을 통해서만 두 철학자를 접한 호기심 많고 세심한 비전공자 독자들을 위한 것이다. 알튀세르의 이 강의가 (신속히 정보를 얻고자 하는 대중을 대상으로 한) 강연이 아니라 (공책에 적어 가며 듣는 학생들을 대상으로 한) 하나의 강좌라는 점을 잊을 경우 독자들은 강의에서 드러나는 꽤나 추상적인 면 때문에 실망할 수도 있고, 또 되풀이가 많은 그런 강의의 양상 때문에 지칠지도 모른다. 따라서 여기서는 강의 속에 담긴 몇 가지 핵심 주제들 및 주목해서 봐야 할 독창적 요소들을 간추려 보고자 한다. 여기서 부각한 식별 기호들, 즉 몇 가지 단어들, 표현들, 추론들이 독서의 길잡이가 될 수 있으면 하는 바람이다.

더불어, 당시엔 마르크스주의에 대한 알튀세르의 관심과 동떨어져 보였던 이 루소 해설들을 마르크스주의와 관련한 알튀세르 유고집들과의 대조를 통해 재평가해 보고자 했다. 그러니까 알튀세르는 루소에 대해 말하면서 자기 자신에게도 말하고 있었다는 것이다. 40년이지난 지금 "마주침의 유물론"에 관한 지면들을 읽었을 때 알 수 있는것이 바로 그 점이다.

1972년에 행한 이 세 차례의 강의에서 알튀세르가 해설하고자 한것은 잘 알려진 하나의 텍스트, 알튀세르 이전에도 다수의 논평이 있었던 바로 그 텍스트, 루소의 『불평등의 기원 및 기초들에 관한 시론』 *Discours sur l'origine et les fondements de l'inégalité*[1]이다. 알튀세르는 이 텍스트에서 "그다지 널리 통용되지 않은" 측면들을 분석해 내고자 한다. 왜냐하면 알튀세르에 의하면 그러한 측면들은 철학의 역사에서 "셈"해지기는 했지만, 혹은 "결제"는 되었지만 "반품"돼 왔기 때문이다.

1. 루소의 텍스트

루소의 『인간 불평등 기원론』은 그 제목이 가리키는 바와 같이 불평등, 곧 정치적·사회적 삶을 다룬 논저이다. 그리고 그 출발점은 기원,즉 이러한 기원에서부터 사회의 탄생 및 발전이 뒤따르게 되는, 사회

---

1) 간단히 『인간 불평등 기원론』이라고 하자. 인용은 플레야드 판 전집 제3권에 준한다. Jean-Jacques Rousseau, *Oeuvres complètes, vol. III, Du contrat social. Écrits politiques*, éd. sous la direction de Bernard Gagnebin et Marcel Raymond et al., Paris: Gallimard, coll. Bibliothèque de la Pléiade, 1964, avec Appendice, 1975.

의 도래에 선행하는 시기이다. 이러한 주제는 이른바 "자연권" 철학이나 "계몽주의 철학"에서 그러하듯이 18세기에 흔히 다뤄진 것이다. 철학자들은 사회에 앞서는 기원, 즉 "자연 상태"로 거슬러 올라가 그러한 최초 상태에 대한 고찰로부터 왜 사회가 탄생하게 됐는지를 설명한다. 인간들이 서로 죽고 죽이는 상태(곧 "전쟁 상태")는 존속될 수 없기 때문에 자신이 원하는 대로 행하는 자유를 기꺼이 던져 버리고, 법을 제정하고 지도자를 세워 힘으로써 그 법을 준수하게 만들면서 그러한 상태로부터 벗어나야만 하는 것이다(이것이 "사회계약"이다). 홉스Thomas Hobbes, 그 다음엔 로크John Locke가 각각 이러한 공통의 지반 위에서 두 가지 상이한 각본을 제시했는데, 어쨌든 이러한 이론적 지형(자연 상태/전쟁 상태/사회계약)은 계몽주의 사상의 넘을 수 없는 지평인 것이다. 즉 루소를 포함한 모든 철학자들은 이러한 모델 내부에서 사고한다. 다수의 전문적인 연구들이 루소와 그 선학들 간의 차이 및 차용 관계에 대해 지적했고(특히 로베르 드라테[2]와 장 스타로뱅스키[3]), 루소와 다른 이들 간에 그토록 많은 유사성이 있음에 주목한 몇몇 이들은 이론적인 관점에서 루소에게 독창적인 것은 전혀 없으며 그의 독창성이란 널리 퍼진 이론들에 대한 정치적 사용에서 기인한다고 잘라 말했다(베르나르트 그뢰투이젠[4]). 루소의 근본적 독창성을 보여 주려는 이 강의에서 알튀세르가 제기하는 바는 루소가 전적으로 새로운 하나의

---

2) Robert Derathé, *Jean-Jacques Rousseau et la science politique de son temps*, Vrin, 1970.
3) Jean Starobinski, *Rousseau, la transparence et l'obstacle*, Gallimard, 1971. [이충훈 옮김, 『장 자크 루소 투명성과 장애물』, 아카넷, 2012.]
4) Bernard Groethuysen, *Jean-Jacques Rousseau*, Gallimard, 1949(사후 간행물).

이론적 장치에 따라, 계몽주의 철학 속에서, 그리고 그 철학에 대항해 사고했다는 것이다. 우리는 알튀세르가 관례적인 "루소주의적" 문제들(자연권, 타고난 선량함, 전제정 비판)을 연구하지 않고 "그다지 널리 통용되지 않은" 측면들에 주의를 기울임을 확인할 수 있을 것이다.

　알튀세르의 강의를 접하기 앞서 루소의 『인간 불평등 기원론』이 어떻게 전개되는지를 확인해야 한다. (그보다 앞서 나온 『학문예술론』과 구별해 『제2논고』Second Discours라고 주로 지칭되는) 이 텍스트는 총 2부로 구성된다. 1부는 기원에서 출발해 사회의 성립 직전의 시기까지 나아가고, 2부는 소유의 탄생에서 출발하는 사회의 성립을 다룬다("맨 처음 '이건 내 것이야'라고 말할 생각을 한 이가 시민사회société civile의 진짜 창시자이다"). 강의에서 알튀세르가 다루는 것은 주로 1부, 즉 루소가 사회에 앞서는 기원("순수 자연 상태")에 관해 기술하는 부분이다. 여기서 루소는 이 과제를 해결하지 못한 자신의 선학들을 꾸짖는다. 그 철학자들은 자연적이라고 일컬어지는 이 상태에 속한 인간에게 사회적·비자연적 특성들(언어, 이성, 소유, 명예욕 등등)을 부여하며, 이미 사회적인 관계들(침략성, 상호부조 등)을 가진 인간들을 상정한다. 요컨대 그들은 자연 속에 이미 사회를 들여다 놓고, "야생의 인간을 말하면서 시민적 인간을 빚어내고 있는 것이다".[5] 따라서 진짜 자연 상태를 기술하기 위해서는 그러한 과오를 피하고 "그 뿌리까지 파고 들어가야" 한다.[6] 거기에서는 관계도 맺지 않고, 언어나 이성 등등도 없이 흩어져

---

5) Jean-Jacques Rousseau, *Discours sur l'origine de l'inégalité*, p. 132. [김중현 옮김, 『인간 불평등 기원론』, 웅진씽크빅, 2010, 51쪽.]
6) *Ibid.*, p. 160. [같은 책, 88쪽.]

살고 있는, 여러 종류의 동물들과 다를 바 없는 인간들, 즉 숲 속을 떠돌아다니다가 하루 중 거의 대부분을 잠으로 보내는 고독한 인간들이 있다. 루소의 텍스트는 하나의 이야기처럼, 곧 기원적 인간(너무나도 자주 언급된 바 있는 루소의 그 유명한 "선량한 야생인")을 묘사하는 소설의 장면처럼 제시된다. 그는 아이처럼 행복을 즐기며, 고독하고 평온하게, 건장하고 소박하게 살아가는 인간이다. 이 책을 읽고 갑자기 네 발로 기어가고 싶은 욕망에 사로잡혔다고 하는 볼테르의 유명한 조롱을 사게 될 일종의 에덴동산인 것이다. 『인간 불평등 기원론』은 저자들을 거의 인용하지 않았다. 철학적 사변을 피하고 싶었던 것으로 보인다.[7] 이러한 묘사적인 문체, 간단한 어휘 때문에 우리는 학부 교과과정에서 "철학"이 아니라 "문학"으로 분류되는 몽상가적·유토피아적·낭만주의적 루소라는 관념을 끌어오게 된다.

『인간 불평등 기원론』의 2부는 그와 같은 "요람기" 상태가 변함없이 지속될 수도 있었지만 자연적인 파국과 우발 사건들accidents이 그 최초의 삶을 변모시켰고, 따라서 그것은 더 이상 가능하지 않게 되었다고 설명한다(기후 변화, 식량 부족 등 때문에). 인간들도 재결집할 수밖에 없었고(가족, 촌락, 오두막살이) 인간들 간의 여러 접촉들이 취해지게 되었다(예컨대 좀더 큰 사냥감을 구하기 위해). 이러한 새로운 생활로부터 새로운 감정들, 즉 자존심l'amour-propre(타인들이 나를 어떻게 보는지), 상상력, 이성이 생겨나게 되었다. 루소가 "세계의 청춘기"라고

---

7) 루소는 자신의 이야기를 통해 제기된 철학적 문제들을 환기하면서, 비전공자("일반") 독자들은 그러한 철학적 문제들에 대해 신경 쓰지 않기를 기대한다. "나로서는 일반 독자들이 그것들을 고려할 필요를 느끼지 않도록 하는 것으로 족하다."(*Ibid.*, p. 163) [같은 책, 92쪽.]

부른 이 두 번째 시대는 자연으로부터 벗어난 첫걸음이긴 했지만 그저 한 걸음일 뿐이어서 그 이상의 진척 없이 그 상태로 한없이 머무르게 되었다. 사태는 변화를 필요로 할 정도로 나쁘게 진행되지 않았던 것이다.[8] 그런데 "치명적인 우연"[9]이 세 번째 시기를 연다. 인간들은 우연히(아마도 화산 분출로 인해) 야금술을 터득하고는 철을 이용해 땅을 개척하고 농업을 발명할 수 있게 되는데, 이는 일종의 경제적 교환 체제(야금업과 농업 사이의 노동 분업), 곧 개척할 땅이 남아 있는 한에서 유지되는 체제를 초래한다.

이어지는 내용은 온 땅이 개척된 시점에서 출발하는 소유의 탄생이다. 어떤 이들은 땅을 차지하고("부자들") 다른 어떤 이들은 전혀 차지하지 못한다("빈자들"). 이제 전쟁 상태가 시작되는데, 왜냐하면 빈자들이 땅을 빼앗아 가지려고 하기 때문이다. 부자들이 전쟁을 끝장내고 자신들의 부를 지켜 낼 하나의 계약을 제안할 때까지는 말이다. 그리하여 인간들 사이에 불평등이 생겨난다. 이어서 정치적 삶에 관한 서술, 즉 폭정으로의 타락이 나오는데, 알튀세르의 강의는 이 부분에 관해서는 분석하지 않고 과정의 끝(폭정으로의 전락)에서 기원(자연 상태)으로의 복귀에 관한 몇 가지 지적들로 만족한다.

앞서 말한 바와 같이 루소의 텍스트는 한 편의 소설에 가까운 인간 역사에 관한 이야기인 것처럼 보인다.[10] 즉 여행 이야기(아득히 먼

---

8) "이 시기는 […] 가장 행복하고 가장 굳건한 시대였다. 이 상태는 […] 인간에게 가장 좋은 […] 상태였다. 인류는 거기서 계속 존속하도록 만들어졌[다.] 이 상태는 진정한 세계의 청춘기다." (*Ibid.*, p. 171) [같은 책, 102쪽.]

9) *Ibid.*, p. 171. [같은 책, 102쪽.]

야생의 군도)를 방불케 하는 상상의 광경, 곧 (루소가 주석에서 수없이 인용하는) 뷔퐁Georges-Louis Leclerc de Buffon의 관찰에 의거해 공들여 다듬은 상상의 광경인 것처럼 보인다. "나는 다른 동물들보다 힘이 약한 하나의 동물을 떠올린다. […] 떡갈나무 아래서 포식을 하고 가까운 시냇물에서 목을 축이는 그를 상상한다. […] 이것은 바로 일반적인 동물의 상태이며, 여행가들의 보고에 따르면 야생인들 대부분이 처한 상태이기도 하다."[11]

2. 알튀세르의 강의

알튀세르의 강의는 루소주의의 "근간 개념들", 즉 자연권, 인간 본성, 식량(열매나 고기), 건강, 선량함, 자애심amour de soi, 소유 등과 관계하지 않는다.[12] 알튀세르가 관심을 가지는 문제는 그러한 개념들의 주변/여백에 놓인 것이다. 즉, 역사의 전개라는 문제, 한 시기에서 다른 한 시기로, 현재 시점에서 그 미래로의 이행의 문제가 그것이다. 또한 알튀세르는 『인간 불평등 기원론』을 하나의 이야기로서가 아니라 하

---

10) "오 인간이여, […] 이것은 결코 거짓말을 하는 법이 없는 자연에서 […] 내가 읽었다고 믿는 바 그대로의 당신의 역사이다."(*Ibid.*, p. 133) [같은 책, 52쪽.]

11) *Ibid.*, pp. 135, 140. [같은 책, 55, 63쪽.]

12) 그러한 개념들 전부는 빅토르 골드슈미트의 저서 『인간학과 정치: 루소 체계의 원리』에서 논의된다(Victor Goldschmidt, *Anthropologie et politique, les principes du système de Rousseau*, Vrin, 1974). 알튀세르는 이 책에 대해 다음과 같이 지적한 바 있다. "그 개념들의 계보학에 관한 고찰은 이뤄졌지만(골드슈미트, 그의 책은 결정적이다), 이러한 장치 전체의 효과들에 관한 고찰은 이뤄지지 않았다."("Le courant souterrain du matérialisme de la rencontre", in *Écrits philosophiques et politiques*, tome I, Stock/IMEC, 1994, p. 559) [서관모·백승욱 옮김, 「마주침의 유물론이라는 은밀한 흐름」, 『철학과 맑스주의: 우발성의 유물론을 위하여』, 새길, 1996, 66~67쪽.]

나의 개념적 사슬로서, 즉 그 당대 루소 시대에 이르기까지 결코 제시된 바 없었던 해법을 추구하는 새로운 일련의 철학적 문제들로서 다룬다. 루이 알튀세르는 그 텍스트를 루소가 선 최초의 위치, 즉 "뿌리에 놓인" 실제 기원인 "순수" 자연의 위치에 의해 통제되는 하나의 연동 장치로 제시한다. 이어서 알튀세르는 텍스트의 세부 내용 각각이 어떻게 그 이론 자체로 인해 생겨난 난점들에 대한 이론적 답변이 되는지를 보여 준다. 그래서 우리 눈에는 배경, 연출, 배역에 불과한 것으로 보이는 것들이 알튀세르의 독해에서는 진정한 철학적 개념들임이 드러난다. 바로 이것이 알튀세르의 "마수"가 남긴 의미심장한 자국이다. 알튀세르는 마치 사냥꾼이 사냥감을 유인하듯 개념들을 "유인"하고, 그 개념들에 자신이 확립한 이론들을 장착하기 위해 새로운 개념들을 구축한다.

　알튀세르가 행한 세 편의 강의는 다음과 같이 세분할 수 있다. 기원을 다루는 제1강, 사회의 발생에 관한 제2강, 끝으로 제3강은 기원의 상태를 재검토하는데, 이는 그 일관성을 상세히 논하기 위함이다.

　텍스트에 대한 이러한 접근에서 인상적인 것은 바로 알튀세르가 루소의 입장 — 흔히 말하는 루소의 "사상" — 을 소개하기는커녕 그러한 입장을 통제하는 문제로 향하도록 우리의 주의를 집중시킨다는 점, 그리고 그러한 문제와 해법 사이의 거리를 되도록 길게 늘리면서 끊어질 듯 말 듯한 모든 분리선들을 보여 준다는 점이다. 앞서 말했듯이 루소는 자신의 선학들이 제시한 "기원"은 이미 사회적인 것이며, 그리하여 그들은 실제 기원에 가닿지 못했다는 점을 들어 그들을 비판한다. 바로 이 지점에서 알튀세르는 루소의 텍스트를 검토하면서 루소가 행하는 다른 철학자들에 대한 비판이 전혀 루소에게 어울릴 것 같지 않은 용어들로 제시된다는 점을 지적한다. 자신이 비난하는 그들의 오류를 피하려는 루소에게는 있어서는 안 될 것 같은 용어들 말이다. 왜냐하면 루소가 그런 오류를 들어 그들을 비난하지만 동시에 그러한 오류가 불가피했음을 보여 주기 때문이다. 실제로 루소는 이성의 사용에 대해 그것이 자연적인 것이 아니라 사회적인 것임을 문제 삼고 있으므로 자연 상태를 파악하는 데 이성이 쓰일 수는 없는 것이다. 그러나 철학은 그 무엇인가를 사고하기 위한 다른 도구를 가지고 있지 않으며, 만약 이성을 쓸 수 없다면 이성을 본질적으로 배제하는 그 어떤 것을 이성이 파악할 수 있을지 여부도 제대로 확인하지 못할 것이다. 휘어진 자를 대고 바른 선을 그을 수는 없는 법. 그러나 도구가 휘어졌다고 말하는 사람도 불가능하기는 매한가지이다. 알튀세르에 따르면 철학은 우리의 능력(이성, 상상력 등)으로는 결코 빠져나올 수 없는 "탈자연화dénaturation의 **원환**cercle 속에" 갇힌다. 그 능력들이란 바로 그러한 "원환" 속에 사로잡혀 있는, 탈자연화의 산물인 것이다. 이러한 원환 밖에서 사고하고 진짜 자연을 사고하기 위하여, 이성을 산출하는 그러한 원환으로부터 이성이 어떻게 벗어나는가? 그러므로 알튀세르가 보기에 루소는 그가 자신의 선학들에 대해 파 놓았던, 그래서 선학들이 걸려들었던 함정에 그 자신이 걸려든 셈이다. 곧 **추론상의 오류**는 물론이고 **이성 그 자체**를 폐기함으로써 루소는 스스로를 무력하게 만들고 말았다. 알튀세르의 해설에 따르면 이제 루소는 "그 자신 안으로 들어감으로써", "마음cœur의 소리"를 들음으로써 "내적으로 원환을 벗어난다".[13] 알튀세르는 루소적인 "마음"에 인식론적인 지위를 부여하기 위해 마음에 대한 낭만주의적이고 직관론적인 해석들을 떨쳐 내려 한다. 그것은 말하자면 탈자연의 내면에 있는, 이성을 인도할 수 있는 자연의 소리인 것이다. 마음은 루소 사상의 다른 요소들 가운데 있는 하나의 요소가 아니라, 하나의 불가능한 작동, 즉 진짜 자연의 인식을 작동시키는 열쇠인 것이다. 게다가 이성을 마음에 의존하게 함으로써, 따라서 이성에 부차적인 지위를 부여함으로써 루소는 이성을 제1의, 지고의 원리로 삼는 계몽주의 철학과 스스로를 "구획" 짓고, "거리를 취하게" 된다. 따라서 "마음"이라는 것은 ——아무리 내적인 것이라 해도—— 하나의 사물이 아니라, 그 귀결에서 진짜 기원인 순수 자연 상태를 파악하게 하는 하나의 이론적 작동인 것이다. "순수 자연 상태"라는 표현에서 "순수"란 ——알튀세르가 길게 역설하는 바대로—— 모든 자연권 철학자들이 말하는 "자연 상태"와의 차이를 가리킨다. "마음"은 자신의 고유한 대상에 대해 작동하는 하나의 개념이며, 그 대상은 바로 "순수" 자연이다.[14] 요컨대 이 첫 번째 강의는 그 시대 속에서 루소가 점한 위치를 지정하고 루소의 개념들이 가진 인식론적 지위를 배치한다.

---

13) 1966년 강의(의 수강생 노트)에서 알튀세르는 "이러한 해법은 절망적인데, 왜냐하면 마음에 호소하는 것이기 때문이다"라고 말한다. Louis Althusser, *Politique et histoire, de Machiavel à Marx*, p. 304. [진태원 옮김, 『알튀세르의 정치철학 강의』, 436쪽.] 1972년 강의에서는 이 "해법"에 대해 의심쩍어하는 어감이 동반되지 않는다. "마음"(cœur)이라는 통념이 명시적으로 드러나는 것은 『인간 불평등 기원론』이 아니라 『에밀』이나 자서전적 저작들임에 유념해야 한다.

14) 이 맥락은 엘리안 마르탱하그에 의해 훌륭하게 다듬어진다. 그녀는 준-자율적 사고의 맹렬한 힘으로 간주되는 루소의 "양심"에 관한 전기적 암시들로부터 출발해 루소의 "체계"를 재구축한다(Éliane Martin-Haag, *Rousseau ou la conscience sociale des Lumières*, Honoré Champion, 2009).

두 번째 강의는 인류의 발생에 관한 것인데, 이 발생이 바로 우리가 알고 있는 사회에 이르게 하는 것이다. 여기서도 알튀세르는 문제들의 격화 속에 자리잡는다. "탈자연화의 원환"(다른 이들이 갇히게 된 곳)에서 벗어나 순수 자연 상태를 고립시켰으므로 이제 생각해야 하는 것은 어떻게 해서 탈자연화(순수 자연 상태가 더 이상 존재하지 않으므로써 생겨난 하나의 사실)로 방향을 돌리는 일이 가능한가이다. 알튀세르는 서둘러 루소가 제시한 해법(위에서 말한 자연적 파국 및 야금술의 발견)으로 향하는 대신, 순수 자연 상태에 대해 모든 수단을 동원하여 말 그대로 철학적 고문을 가하면서 사회 발생을 가능하게 하는 어떠한 수단도 가지지 않았음을, 그것은 근본적으로 불가능함을 시인하게 만든다. 루소가 마음을 통해 탈자연화의 원환으로부터 벗어난 다음 두 번째 "원환", 즉 그로부터 벗어날 어떠한 수단도 없는 진짜 기원의 원환 속에 빠져 버렸다는 듯이 말이다. 위장된 사회의 모든 흔적이 지워진 진짜 기원을 정식화하고자 하는 루소는 빠져나올 길 없는 "이론적 고립" 속에 틀어박힌다. 그러니까 이 진짜 기원과 사회 사이에 그는 어떤 "거리", "심연", 즉 "그러한 분리 때문에 파인 공백"을 만들어 낸다. 바로 이것이 "사회의 무"인 기원이 치러야 할 대가인 것이다. 즉, 단지 부재일 뿐만 아니라 "무". 왜냐하면 부재자는 대기되고 일별된다는 의미에서 당장엔 비어 있지만 우리가 지정할 수 있을 만한 정해진 장소가 있는데, 이 경우 그것의 부재를 가리킬 만한 그 어떤 것도 없기 때문이다. 알튀세르는 순수 자연 상태를 근본적인 의미에서 미래 없는 현재로 제시한다. 즉 미래는 현재 속에 **기입된 필연성**(그가 "본질의 연역 내지는 분석"이라고 칭한 것)이 아니다. 그렇지만 미래가 현재의 **가능성**(그

때그때 구성될 수 있는 다양한 내용들을 담은 요소들에 좌우되는 잠재성)은 더더욱 아니라는 점을 직시해야 한다. 미래는 필연성도 아니고 가능성도 아닌 **현재에서 불가능한** 것이다. 이처럼 역사적 시간은 유예된 현재, 즉 "그것의" 미래와 절대적으로 분리된 현재 속에서 간격이 생기고, 갈라져서 생겨난 것이다(하나의 "심연"). 이러한 절망적인 차단 상황을 바탕으로 해서 알튀세르는 자연권의 해법(홉스, 로크)과 루소의 해법을 대립시킨다. 홉스와 로크에게 사회란 자연 상태에서 연역해 낸 것인데, 왜냐하면 사회는 자연 상태에서 이미 발견되며 사회의 발생은 "직선적이고 연속적"이기 때문이다. 이것이 "본질의 연역"인 것이다. 루소에게 그러한 발생은 연역과는 전적으로 반대되는 것으로, 외부(의 파국들)에서 닥친 우연들과 우발 사건들에 의해서만 일어날 수 있는 것, 즉 "틈새들", "단절들", "간극들"로 이뤄진 발생인 것이다. 결국 자연 상태는 세 가지 "불연속적 요소들"로 "세분화되어" 있다. 진짜 기원이라는 폐쇄적 원환(원환 1)이 그와 마찬가지로 밀폐된 다른 원환들, 즉 세계의 청춘기(원환 2), 농업 발생기(원환 3)로 이어진다. 루소 이론의 세목에 관한 이러한 제시는 알튀세르로 하여금 두 가지 점을 규정하도록 만든다. 첫째, 루소의 철학은 법에 의해서가 아니라 "역사"에 의해, "사건"에 의해 진행된다는 점이다. 즉 (인간들이 죽음의 위험에 직면하기보다 법을 감내하기를 선호하게 되는 홉스와 같이) 인류의 공포심에서 기인하는 법에의 호소 같은 것은 없다. 모든 것을 변화시키고 새로운 질서를 수립하는 것은 우발적인, 예측불허의 사실인 것이다. 둘째는 이러한 역사 이론에 관한 것이다. 이 루소적인 역사는 우발적인 것과 필연적인 것의 결합이며, 우발적인 것들은 우연적으로, 그러면서도 "때마침" 일어나는 것이다. 즉 여기서는 "우연과 우연의 계기 사이의 일치"[15]가 있다. 이는 합리적이지만 목적론적이지는 않은 역사를 수립하는데, 왜냐하면 미래의 필연성이 우연성을 기다려야 하기 때문이다. 이어서 알튀세르는 자연 상태에 관한 세 가지 "원환들", 즉 순수 자연(원환 1), 세계의 청춘기(원환 2), 야금술+농업(원환 3)을 재검토한다. 원환 (2)와 (3)이 어떤 과정의 결과라면, 반대로 원환 (1)은 "그 무엇의 결과도 아니"며 "시작도 아닌"데 왜냐하면 "무엇인가는 기원을 지난 다음에 시작"하기 때문이다. 따라서 원환 (1)은 "공백"에 매달린 것처럼 무언가로부터 오지도 않고 어딘가로 가지도 않는다.

이어지는 강의는 이러한 최초의 상태를 검토하면서 그 내용을 상세하게 펼칠 다음 강의를 준비하는 것이다. 알튀세르에 의해서 그 최초의 상태는 일반적인 부정의 기호 아래 놓이게 된다. 즉 그것은 "사회의 무", "자연권의 무"로서, 루소에게 "부정의 표상"을 부과한다. 알튀세르의 설명에 따르면 그러한 "공백"의 "실현"은 "시간이 없는" "공백"인 "숲"에 의해 확보되는데, 이때 인간적 특질들 자체는 (연민과 같이) "순수하게 부정적"이거나 (이성 및 완전화 가능성과 같이) "잠재적이고" "대기 중인" 것들이다. 이러한 진짜 기원은 "아무것도 아닌 것rien의 기원"이지, 마치 플라톤에게서 오류(동굴 바닥의 그림자들)가 진리(동굴 밖의 빛과 이데아들)의 왜곡된 모사인 것처럼 가짜 기원의 참된

---

15) 이 "때마침"이라는 문제는 『에밀』에서 여러 차례 성찰의 대상이 되는 것이다. 가령 에밀과 소피 사이의 만남을 다루는 제5부가 그렇다. ("오래전부터 소피는 있었다. 아마도 에밀은 이미 그녀를 본 적이 있을 것이다. 하지만 에밀은 때가 되어야만 그녀를 알아볼 것이다." *Émile*, Livre V, p. 765.) [김중현 옮김, 『에밀』, 한길사, 2003, 735쪽.]

대역이 되는 것은 아니다.

미래는 단순히 역사의 매 시점마다의 현재의 부재가 아니다. 미래는 일종의 현재의 항체에 의해 사멸한다. 현재는 반反미래로 넘쳐나며, 미래가 뜻밖에 생겨난다 해도 미래를 공백으로 만드는 항체로 충만하다. 숲은 이러한 항체인 것이다. 왜냐하면 숲은 야생인에게 그가 그 필요를 느끼기 이전에 필요로 할 법한 모든 것을 넣어 주기 때문이다. 말하자면 숲은 예비 중인 미래도, 배태 중인 미래도 없도록 모든 인과성을 사전에 집어삼키는 블랙홀인 셈이다. 따라서 "완전화 가능성"이 후일 사회에서 그 결실을 맺을 수 있도록 자연 상태 속에 뿌리내리지 못하게 되는 것이다. 즉, "완전화 가능성"이라는 것은 자연 상태 속에 있되 공연스레 거기에 있는 것이며, 그것의 모든 현실성을 비워 버리게 하는 어떤 넘침 속에 표류한다. 우리는 사후에야 완전화 가능성이 거기에 있었다는 것을 알게 되는 것이다.[16] 우리가 가늠할 수 있는 것은 한편으로 야생인 및 야생인의 삶과 행동들, 마주침들에 초점을 맞추고 있는 루소의 이야기와, 다른 한편으로 개념들과 역선들을 가지고 그 이야기를 가로지르는 이러한 독해, 즉 외관상의 "소설"과는 아주 거리가 먼 하나의 독해 사이의 음조상의 차이인 것이다.

위와 같은 발생에 이어지는 것, 즉 단계 (2)와 (3)은 따라서 "아무

---

16) 알튀세르는 루소가 긍정하는 인간의 "운명"이라는 관념을 거부한다. 알튀세르의 독해는 원인들(우연, 기계론, 합목적성)의 결합이라는 루소적 장치를 폐기하는 것이다. Yves Vargas, "Althusser-Rousseau: Aller-Retour", in "Rousseau et la critique contemporaine" (*Études Jean-Jacques Rousseau*, n° 13, Éditions du musée Jean-Jacques Rousseau, 2002)를 참조할 것.

것도 아닌 것의 기원"에 외재적이며 그 "발전 법칙"은 저마다 종별적이어서 개별적인 각각의 "원환" 내부에서 수행된다. 각 원환은 자체의 논리를 창조하고 앞선 원환들의 것과도 같지 않고 뒤이은 원환들의 것과도 같지 않은 자체의 법칙들 및 내적 문제들을 스스로 제작해 낸다. (예컨대 언어의 기원은 순수 자연 상태에서는 제기되지만 세계의 청춘기에서는 제기되지 않는 문제이며, 이 세계의 청춘기에서는 뒤이은 원환에서 중심에 놓이는 노동, 부 등등의 경제 문제에 대해서 어떠한 할애도 하지 않는다.) 따라서 알튀세르에 따르면 루소에게는 일반 법칙이 될 만한 역사 법칙이 없지만 역사의 각각의 시점에 나타나는 국지적 법칙들이 있으며, 이어서 다음 시대들에서는 다른 법칙들이 그 자리에 놓이게 된다. 우리는 마르크스주의와 그 보편적 경제 법칙들(생산력, 생산관계…)을 예고하는 루소와는 멀리 떨어지게 된다.[17]

이 세 가지 자연 상태 끝에 사회계약에 이르게 된다. 사회계약은 하나의 "심연"abîme에 걸려 있는, "공백에서의 도약"이자 "기원의 재시작", "부정의 부정"("탈자연화의 탈자연화")이다. 실상 사회계약은 인간을 탈자연화시키지만 여기서 문제되는 것은 상태 (2)와 (3)에서 발견되는 인간이기 때문이다. 그런데 이러한 상태들은 이미 상태 (1)의 탈자연화들이며, 따라서 우리는 탈자연화의 탈자연화를 갖게 된다.

---

17) 이로부터 엥겔스에 대한 알튀세르의 유보적 평가가 나온다. 엥겔스는 "마르크스의 『자본』에서 전개된 것과 혼동되리만큼 빼닮은 사고방식이 루소에게서" 발견된다고 단언한 바 있다. Engels, *Anti-Dühring*, 1ère partie, chapitre XIII, Éditions sociales, 1963, p. 171. [프리드리히 엥겔스, 최인호 옮김, 「오이겐 뒤링 씨의 과학 변혁("반-뒤링")」, 『칼 맑스/프리드리히 엥겔스 저작 선집』, 제5권, 박종철출판사, 1994, 156~157쪽.]

세 번째 강의는 보다 구체적이다. 알튀세르는 순수 자연 상태를 사고할 수 있게 하는 것을 상세히 분석하기 위해, 텍스트 그 자체에 대한 독서를 할 것임을 예고한다. 순수 자연 상태는 첫째로 인간과 자연 간의 관계와 관련되며, 둘째로 인간들 사이의 관계와 관련된다. 첫째 관계(인간-자연)는 "직접적인" 관계이다. 자연 속에서 "인간은 제 집에 있듯이" 존재하는데 그 이유는 자연이 인간의 모든 필요를 언제나 어디서나 충족시켜 주기 때문이다. 둘째, 인간 대 인간의 관계는 "존재하지 않는", "무"이다. 인간들은 접촉 없이 흩어져 살며, 서로를 두 번 이상 바라보지 않고 보자마자 서로를 잊는다. 이러한 관계들은 순수 자연 상태를 가능하게 만들겠지만, 이러한 관계들 자체가 가능한가? 그것을 보여 주어야 한다. 이 증명은 독특한 이론적 작동을 함축한다. 왜냐하면 알튀세르가 말했듯이 이러한 루소적 장치를 이해하기 위해서는 몇몇 개념들을 격상시켜야 하기 때문이다. 이 개념들은 루소에 의해 "실행되기는" 했지만 "사고되지" 않았던 것이다. 즉 루소에게서 "이론적 유랑" 상태로 있으므로, 고정시켜서 루소의 눈에 들도록 해야 하는 개념들이다. 왜냐하면 "루소가 그것들을 보지 못하고", "다른 데를 응시하고" 있으며, 그 개념들이 "루소를 피하고 있기" 때문이다. 루소에게서 여전히 분석되지 않은 "우발 사건" 개념, 그리고 무엇보다 중요한 것으로서 그것 없이는 기원이 사고될 수 없는 "숲이라는 개념"에 대해서도 사정은 다르지 않다. 알튀세르는 "다른 데를 응시하고" 있는 루소의 시선을 다른 시선으로 대체한다. 즉 루소가 창조한 숲이 본질적으로 인간과 자연 간의 직접적 융합에 필요한 모든 조건들을 충족하고 있음을(열매 가득한 낮은 가지들을 가진 나무들, 나무그늘, 은신처), 나아가 그와 같은 숲이 인간들 사이를 어떻게 떼어 놓는지를(숲이 모든 것을 제공하므로 도움은 필요가 없고, 숲이 보호하고 풍족하게 식량을 제공하므로 전쟁은 불가능하다) 보여 준다. 이러한 개념적 "연출"에서 출발해 알튀세르는 이론적 요소들을 재배열하고 다른 이론들(홉스, 푸펜도르프Samuel Pufendorf, 디드로Denis Diderot, 게다가 아리스토텔레스까지)과 루소 간의 대립점들을 분명히 드러낸다. 그런 의미에서 이 세 번째 강의는 루소에 익숙한 독자들에게는 좀더 친근하게 느껴질 만한 것이다. 여기서 독자들은 잘 알려진 루소이긴 한데, 자리가 바뀌고, 집중 조명되고, 배역을 바꾼 루소를 맞이하게 될 것이다.

3. 작업 중인 개념들

알튀세르의 강의에 담긴 몇 가지 측면들을 강조하기 위해, 강의에 관해 우리가 피력해 온 위와 같은 서술을 재검토할 필요가 있다. 우선, 알튀세르를 읽기 전에 『불평등 기원론』을 살펴본 독자는 한 가지 사실에 주목하지 않을 수 없을 것이다. 틀림없이 알튀세르가 사용하는 몇몇 단어들은 루소가 쓴 단어들이며, 이때 알튀세르는 준거한 텍스트에 관해서 작업하는 것이다(예를 들어, 순수 자연 상태, 연민, 세계의 청춘기, 숲, 필요 등등). 반면 다른 단어들 ― 곧 강의에서 시종일관 집요하게 반복되는 단어들 ― 은 루소의 다른 텍스트들에서도, 『인간 불평등 기원론』에서도 완전히 부재한다(예를 들어, 원환, 무, 거리, 공백, 부정의 부정 등등). 이 점에 대해 즉각 주목하게 되면 두 가지 성찰의 차원을 대립시키게 된다. 즉 해설되는 것의 차원(루소의 텍스트, 즉 그 의미가 밝혀져야 하는 루소의 단어들)과 해설하는 것의 차원(알튀세르의 담론, 첫째 차원을 작업하기 위한 도구 역할을 하는 알튀세르의 제작된 단어들). 우리는 이제 일반적 범주들을 이용해 추론의 논리 및 그 효과나 지향을 부각시키는 "텍스트 해설"이라는 매우 빈번한 상황 속에 놓이게 된다. 그런데 이렇게 보는 것으로는 불충분한데, 왜냐하면 실로 두 가지 차원(루소의 단어/알튀세르의 단어)이 아닌 세 가지 차원이 있기 때문이다. 어째서 셋인가? 첫째 차원, 즉 "루소의 단어들"의 차원이 두 가지 수준으로 나뉘기 때문이다. 이제 세 가지 차원을 구분해 보자.

1. 한편에는 수용된 방식 그대로 텍스트에서 작동하는 단어들(실로 개념들이다)이 있다. 이는 루소의 성찰의 중심에 놓여 있으며, 명확한 이론적 역할을 한다. 자연, 힘, 필요, 연민, 완전화 가능성 등등의 그러한 모든 개념들은 전문적인 연구에서 본질을 이루는 것이다.

2. 그러나 다른 단어들(알튀세르가 말하듯 어쩌면 개념들일 수 있다)이 있는데, 이것들은 배후의 차원에 있는 것으로서 일종의 호위대 accompagnement, 버팀목étayage, 적시의 해설explication ponctuelle을 이룬다. 알튀세르가 언급하는 순수 자연, 숲, 우발 사건들 등은 루소가 "다른 데를 응시"하는 까닭에 "보지" 않은 채 "실행"시키는 것들이다. 그런데 알튀세르의 강의록을 읽다 보면 주역을 맡은 것이 바로 이 배후의 개념들임을 알 수 있다. 이 개념들은 루소 텍스트를 가로지르며 그것의 일관성, 통일성의 흔적을 남긴다. 숲의 예는 주목할 만한데, 그것은 루소의 텍스트 안에서는 배우들의 연기에 필요한 배경일 뿐, 오로지 야생인의 삶을 응접하기 위해서만 거기 있는 것처럼 보인다. 반면 알튀세르의 강의에서는 숲이 주인공이 된다. 숲은 텍스트 곳곳을 가로질러 펼쳐지며, 텍스트를 지속시키고 생산한다. 그 결과 자연인, 순수

자연 등등은 구조물 전체를 지지하는 그 숲의 이론적 나무 그림자들, 열매들에 지나지 않게 된다.[18)]

　3. 이러한 배경-개념들concepts-décors 또는 개념-배역들personnages-concepts의 격상은 루소 텍스트에 대한 마지막 차원(원환, 공백, 무 등)의 개입이 낳은 귀결인 것처럼 보인다. 마치 이 세 번째 차원은 텍스트 위에서 작동하는 대신 그 아래로 슬그머니 스며들어 가 텍스트의 위태로운 부분들을 툭툭 건드리면서 개념적인 탈장hernies을 초래하는 것 같다. 즉 알튀세르는 그러한 기저 개념들sub-concepts을 벼려 내고 이용해서 텍스트의 표피 아래 흐르는 혈관을 내보이는 것이다. 그래서 텍스트의 외관상의 연속성을 무너뜨린 다음, 다른 토대들 위에서, 새로운 개념들 위에서, 새로운 또 하나의 루소 텍스트 위에서 그 연속성을 복구한다. 동일한 텍스트인데 역할이 바뀐 것이다. 즉 배경이 무대의 전경을 차지한다.

　독해의 두 번째 수준은 우리가 몇몇 형상들의 개념적 "격상"이라고 칭한 것이다. 곧 이는 루소가 "다른 데를 응시하고 있기 때문에" 그것들을 미처 보지 못한 채 "실행"시켰던 것이다. 알튀세르는 이러한 수준에서 루소주의 연구를 위한 거대한 작업장을 개시했다고 볼 수 있다. 왜냐하면 그 수준은 평범한 대상들(나무들)이 지닌, 또는 연출(과수나무 아래의 적막함)이 지닌 개념적 역량을 가리키기 때문이다. 질 들뢰

---

18) 주목할 만한 사실은 알튀세르의 독해에서 주도적 개념들 세 가지, 즉 숲, 우발 사건, 우연이 『루소 사전』(R. Trousson et F. S. Eigeldinger, dir., *Dictionnaire de Jean-Jacques Rousseau*, Honoré Champion, 2006)에 빠져 있다는 점이다. 물론 이 사전은 루소의 저작을 "샅샅이" 조사해 800여 개의 항목을 추려 낸 아주 훌륭한 사전이다.

즈가 "개념적 배역"[19]이라는 통념을 제안하기 훨씬 전에 알튀세르가 그것을 고안해 냈고 다음과 같은 점들을 "볼" 수 있게 한 것이다. 예컨대, 『신엘로이즈』의 서신교환이 미덕 개념에 대한 하나의 "연출"이라는 것, 『에밀』의 다양한 "연출들"은 인간 역사의 발전 법칙을 가리킨다는 것, 여성의 섹슈얼리티는 역사 이론과 결부돼 있다는 것, 장 자크 루소 그 자신이 인간 본성과 그 탈자연화에 대한 실험적인 마지막 연출로서 자신의 "전기들"을 작성했다는 것 등이다. 알튀세르는 루소 안에 있는 공상적인 것과 회화적인 것을 체계적 개념성의 철저한 질서 속에 융화되도록 한 것이다. 루소에 대한 수많은 현대적 독자들은 알튀세르에게 많은 빚을 지고 있다.[20]

세 번째 차원으로 들어가 보자. 이는 마키아벨리와 루소를 비교하는 도입부에 이어지는 제1강에 해당한다. 우리가 "세 번째 차원"이라고 칭한 것은 루소 텍스트에서는 발견되지 않는 그러한 개념들과 관련되는데, 이는 알튀세르가 항상 텍스트 아래로 슬그머니 끼워 넣어 텍

---

19) Gilles Deleuze, *Qu'est-ce que la philosophie?*, Éditions de Minuit, 1991, p. 60 참조. [이정임 · 윤정임 옮김, 『철학이란 무엇인가』, 현대미학사, 1995, 91쪽.]

20) 가장 최근의 것들만 열거하자면 다음과 같다. 동물의 발자취를 찾아 저작을 가로지르는 Jean-Luc Guichet, *Rousseau, l'animal et l'homme*, Éditions du Cerf, 2006; Luc Vincenti, *Jean-Jacques Rousseau, l'individu et la république*, Kimé, 2001; Blaise Bachofen, *La condition de la liberté, Rousseau, critique des raisons politiques*, Payot, 2002; Bruno Bernardi, *La fabrique des concepts, recherches sur l'invention conceptuelle chez Rousseau*, Honoré Champion, 2006; Florent Guénard, *Rousseau et le travail de la convenance*, Honoré Champion, 2004. 아울러 "의식/양심" 통념에서 출발해 루소를 부분적으로나마 급진적인 한 명의 유물론자로 굴절시킨 저작으로서 Éliane Martin-Haag, *Rousseau ou la conscience sociale des Lumières*, Honoré Champion, 2009.

스트의 단층들, 위기 지점들을 드러내는 그러한 개념들이다. 그러한 개념들 가운데 으뜸은 다양한 방식으로 적용되는 **원환**이라는 개념이다. 루소는 자연 내부에 사회적 특성들을 기입함으로써 자연 상태와 사회 상태를 혼동한 철학자들을 질책하는데, 이러한 오류는 이성에 기초한 것이라고 덧붙인다. 이성은 자연적인 것이 아니라 사회적인 것이기 때문에 그것 자체로 사회와 다른 무언가를 사고하는 것은 불가능하다. 알튀세르는 이러한 논법을 "탈자연화의 원환" 또는 "소외 aliénation 의 원환"이라고 부른다. 이러한 원환의 형상은 "악순환"의 논리적 형상, 달리 말해 동어반복, 같은 사태의 반복(A=A, 사회적 이성 = 이성에 의해 표상된 사회 la raison sociale = la société raisonnée)이라는 논리적 형상 너머로 나아간다. 여기서 원환은 바깥의 부재, 또는 달리 말해서 원환에서 빠져나올 수 있게 하는 원인의 부재를 가리킨다. 이는 내부적 원인이 없어 원을 그리며 돌아갈 수밖에 없는, 내적 동인 없는 반反헤겔적 원환인 것이다. 알튀세르가 이성이 그로부터 빠져나올 여력을 가지지 못하도록 이성을 에워싸는 탈자연화의 원환에 대해서 말하는 이유는 루소가 표한 방법론적 동어반복을 다시 명명하기 위해서가 아니라 그러한 원환에서 빠져나오는 것의 **불가능성**을 보여 주기 위해서다. 왜냐하면 루소는 그로부터 벗어날 방도 없이 자기 자신의 비판 속에 갇혀 있기 때문이다. 원환은 논리적 형상도 아니고 위상학적 형상도 아닌 인과적 형상, 아니 차라리 반인과적 형상인 것이다. 알튀세르는 **원환**을 그 발전의 원인들을 내포하지 않은 이론적 형세라고 칭한다. 강의에서 계속 언급되는 각각의 원환은 그러한 인과성의 위기에 상응하는 것으로, 동일한 문제에 봉착한다. 어떻게 그로부터 빠져나올 것인가? 왜냐하면 루소가 열쇠를 주지 않고 출구를 닫아 버렸기 때문이다. 따라서 자연 상태를 발견하지 못하게 하는 탈자연화의 원환 다음에 우리가 처하게 되는 사실은 그러한 자연 상태가 루소에 의해 일단 언급되고 나면 결국 원환으로 규정되고 만다는 것이다. 세계의 청춘기 상태, 마지막으로 야금술과 농업의 상태도 마찬가지이다. 이러한 세 가지 원환은 그 시작과는 다른 어떠한 것도, 즉 결국 아무것도 산출하지 않으며, 알튀세르는 매번 청자들을 해법에 대한 기다림 속에 놓이게 한다. 그 기다림은 대상 없는 기다림인데, 왜냐하면 그 대상, 그러니까 기다려지고 있는 그 원인은 원환 속에 존재하지 않기 때문이다. 이러한 기다림, 뭔지 모를 어떤 기다림인 그 "긴장감"을 바탕으로 알튀세르는 **공백, 부재, 간격, 경계, 거리**의 무대를, 나아가 **심연**(다른 의미로 파악된 루소의 단어)의 무대를 구성하는 것이다.

4. 본 강의(1972년)와 1956년·1966년 강의의 비교

인과성의 무를 함축하는 이러한 원환의 형상은 알튀세르의 독해들 속에서 꽤 나중에야 확립된 것으로 보인다. 1956년의 루소 강의는 반대로 "루소가 역사를 하나의 과정으로서, 내재적 필연성의 효과 내지 발현으로서 이해"한다는 것을 긍정한다. "하지만 […] 이 과정은 […] 단선적인 연속적 발전이 아니라, 결절을 지닌 변증법적 과정이다."[21] 또한 "루소는 아마도 역사 발전을 […] 물질적 조건들(cf. 숲, 숲의 종말, 부

---

21) Louis Althusser, "Les problèmes de la philosophie de l'histoires", in *Politique et histoire, de Machiavel à Marx*, p. 111. [진태원 옮김, 「역사철학의 문제들」, 『알튀세르의 정치철학 강의』, 155쪽.]

자와 빈자…)과 […] 변증법적으로 결부된 발전으로서 체계적으로 파악한 최초의 철학자일 것이다."[22]

이 1956년 강의에서도 분명 원환이 문제인데, 그것은 동어반복의 원환이다.[23] 우리가 여기서 보게 되는 것은 루소에 대한 대부분의 마르크스주의적 독해들과 마찬가지로, 물질적 토대("숲…")에 기초하고 도약("변증법적 결절의 과정")에 의해 전진하는 역사를 위한 내부적("내재적") 역사 인과성을 『인간 불평등 '기원'론』에서 찾는 알튀세르이다. 심연의 가장자리에 놓이고 규정들이 비어 있는 역사적 시간은 일정표에 오르지 않는다.

10년 후 1966년 강의에서는 원환, 공백, 무 등등이 등장하는데, 그것들은 1972년 강의와 동일한 체계성을 갖지 않고 여전히 동어반복적 형태들, 변증법적 발생과 결부돼 있다. 1972년 강의에서 성찰의 중심에 놓이는 몇몇 표현들이 "우발 사건들"에 의해 분리된 "원환들"[24] 등의 방식으로 여기서 발견되는 것이다. 차이에 주목해야 하는데, 1966년 강의에서는 폐쇄성(원환)과 역사의 무효화 간의 내적 관계가 명확하게 사고되지 않는다. 이 때문에 여기서 숲은 결정적인 역할(인과성에 대한 항체)을 하지 않는다. 숲은 6년 뒤에야, 즉 우리가 관심 갖고 있는

---

22) *Ibid.*, pp. 112~113. [같은 글, 『알튀세르의 정치철학 강의』, 157쪽.]

23) "사실상 역사의 산물일 뿐인 이성을 역사의 동력이자 원리로서 역사의 출발점에 놓는 사회 이론 및 법 이론의 원환(cf. 마찬가지로 언어의 원환)." *Ibid.*. [같은 글, 『알튀세르의 정치철학 강의』, 158쪽.]

24) 1966년 강의("Rousseau et ses prédécesseurs…", in *Politique et histoire, de Machiavel à Marx*)에서 발견할 수 있는 그러한 표현들은 다음과 같다. "우연성의 필연성으로의 전환", "단계들 각각을 지배하는 종별적 법칙이 있다"(p. 308), "사회의 무"(p. 309). 도식은 p. 300 에 있다. [진태원 옮김, 「루소와 그의 선구들」, 『알튀세르의 정치철학 강의』, 443; 445; 430쪽.]

강의에서야 그러한 역할을 하는 것이다.

다시 1972년 강의로 돌아오자. **원환**이라는 기저 개념과 **공백**, **무** 등의 기저 개념들이 하나의 체계를 이룬다는 것을 확인할 수 있다. 이 때 공백은 인과성의 공백인데, 왜냐하면 원환이 내적 인과성의 무("사회의 무")이기 때문이다. "원환"은 "변증법"에 대한 의존에서 벗어나게 해준다. 더욱이 "변증법"이라는 말은 강의에서 등장하지 않는다. "루소에게서 마르크스가 사용한 일련의 모든 변증법적 표현들"을 발견하는 엥겔스를 원용하는 경우를 제외하고서 말이다.[25]

따라서 알튀세르는 내적 원인의 부재로 인해서 원을 그리며 돌아가는 "원환들"을 따로따로 떼어 놓는다. 그리고 이러한 형상이 늘 부정, 공백, 아무것도 아닌 것rien 등의 관념과 어울리게 된다는 것도 자명하다. 이 원환에서는 그로부터 우리를 빠져나오게 할 수 있는 것이 전혀 존재하지 않는다. 알튀세르의 사고는 독특한 유형의 인과성에 집중된다. 그 인과성은 예측할 수도, 기다릴 수도, 짐작할 수도 없는데, 왜냐하면 그것은 "우발 사건" ── 주도적 개념의 반열에 오른 루소의 단어 ── 이기 때문이다. 또한 알튀세르가 숲을 개념으로 확립하게 되는 것은 공백을 만들어 내기 위함, 즉 그 원환에서는 아주 작은 것이라도 그 원환에서 빠져나오게 하는 원인이 존재하지 않는다는 점을 분명히 하기 위함이다. 왜냐하면 숲은 원환을 개시할 수 있는 모든 사태의 선험적 무효화로서 지각되기 때문이다. 결국 원환에는 아무것도 존재하

---

25) Engels, *Anti-Dühring*, chap. XIII, *op. cit.*, p. 171. [프리드리히 엥겔스, 최인호 옮김, 「오이겐 뒤링 씨의 과학 변혁("반-뒤링")」, 『칼 맑스/프리드리히 엥겔스 저작 선집』, 제5권, 156~157쪽.]

지 않지만 그러한 아무것도 아닌 것의 세심한 구축이 존재한다. 숲은 하나의 "개념"이 되는데, 왜냐하면 그것은 그 아무것도 아닌 것의 부단하고 세심한 제작이기 때문이다. 숲은 모든 사태들 및 그에 잇따른 것들 사이사이에 공백을 파고, 모든 인과성의 잉태를 사전에 차단한다.

원환들 주위에, 원환들 속에 공백을 만들어 냄으로써 알튀세르는 역사적 시간을 내용들의 펼쳐짐, 곧 내용들의 지양을 산출하는 "내적 모순들"의 펼쳐짐으로 묘사하는 "변증법적" 전통과 반대되는 역사 이론을 마련한 것이다. 알튀세르의 원환들 속에는 아무런 모순도 존재하지 않으며, 역사는 사건의 관념, 다시 말해 때마침 일어나는 예측 불가능한 우발 사건이라는 관념과 불가분한 것이 된다. "부정의 부정"("탈자연화의 탈자연화")에 관한 대목에서 주의해야 할 것은, 알튀세르가 사회계약을 부정의 부정으로서 규정하고 있으므로 이는 엥겔스와 마찬가지로 일종의 변증법을 시사하고 있다고 생각해서는 안 된다는 점이다. 인간이 정치 사회로 진입한다면, 인간은 탈자연화할 수밖에 없다(루소는 이 점에 대해 여러 곳에서 반복해 말한다). 그런데 앞서 말한 바와 같이 이러한 탈자연화는 이미 참된 (순수) 자연과 관련해서는 하나의 탈자연화인 이전 상태(세계의 청춘기, 농업의 발생기)에도 적용된다. 그러니까 사회계약은 탈자연화의 탈자연화인 것이다. 그러나 이러한 구절에서 부정의 부정은 현재에서 미래로 나아가는(순수 자연에서 사회로 나아가는) 동력이기는커녕, 사후에 과거를 회수하기 위한, 현재에서 과거로의 복귀이다. 이는 알튀세르가 "회복"reprise이라고 부른 것이기도 하다. 사회는 자연이 사회에 결코 부여한 적 없는 것을 자연에게서 회복한다. 따라서 순수 자연(으로)의 복귀가 있다면, 그것은 스스로 전진하는 저 나선형의 변증법에 의한 것이 아니라, 그와 정반대로 복귀에 대한 사실 확인에 의한 것이고, 효과·역동성·진보 없이 존재했던 것의 회복에 의한 것, 그러니까 하나의 단적인 사실 확인에 의한 것이다. 우리는 루소가 알튀세르에게 빚진 것을 확인할 수 있다. 즉 루소의 형상들(이미지, 배역, 배경, 상황 등등)을 진정한 개념들로 전환시키는 독해, 그리고 유물론적이지만 변증법적이지 않은 역사 이론이 그것이다.

5. 알튀세르가 루소에게 빚진 것

루소에 관한 알튀세르의 세 시기의 강의들(1956년, 1966년, 1972년)을 살펴봄으로써 확인할 수 있는 것은 루소에 관한 마르크스주의의 전통적 독해라 부를 만한 것에서 알튀세르가 점차 멀어졌다는 점이다. 물론 루소에 관한 매우 다양한 갈래의 마르크스주의적 독해들이 존재한다. 하지만 그것들이 관심의 초점으로 삼는 바는 대체로 동일하다. "프티부르주아" 사상가(마르크스로부터 직접 착상을 얻은 독법), 변증법론자(엥겔스), 마르크스의 선구가 되는 사회주의자 등등. 대체로 마르크스주의자들은 루소에게서 변증법적 "방법", 경제 결정론, 국가나 평등을 중심으로 한 정치사상, 인간과 시민을 대립시키는 인간학 등을 찾아낸다. 즉 그들은 루소 속에서 마르크스를 찾는다. 그것이 루소에게서 마르크스를 발견하기 위해서든 아니면 마르크스의 부재를 확인하기 위해서든.[26] 알튀세르의 1956년 강의가 그러한 이론적 풍경에 훨씬 잘 들어맞는다면, 1966년 강의는 그로부터 벗어나며 1972년 강의는 그와는 아무런 관련도 없어 보이게 된다. 1972년 강의에서는 더 이상 변증법이 문제되지 않으며, 우리가 강조했다시피 "부정의 부정"은 엥겔스가 그 용어로 지칭한 것과는 정반대의 것이 된다. 왜냐하면 그 것은 미래로 향하는 과정이 아니라 비활성의 과거를 회고적으로 확인한 "회복"일 뿐이기 때문이다. 경제적 문제들은 사라지고 강의 전체는 인과성이 비어 있는 밀폐된 "원환들"을 중심으로 해서, 예측불허의 우발 사건들이 지닌 우연에, 역사에 관한 회고적 이론에 집중된다. 이러한 이론은 널리 퍼진 역사적이고 변증법적인 유물론의 토대를 형성한 법칙들의 일원론과 단절하는 것이다. 이제 문제되는 것은 계급투쟁도 생산력도 아니다(그럼에도 부자/빈자, 강제된 노동 등과 같이 단순한 동일시에서 출발해 루소 텍스트에서 보여 주기 쉬운 요소들). 따라서 루소는 마르크스주의와 아주 멀리 떨어져 있는 것처럼 보이게 되고, 교수 알튀세르는 마르크스, 레닌, 마오의 저작들에 대한 분석으로 세계적인 유

---

26) 이론적 어조를 띠고 있지만 피상적 견해를 담고 있는 몇몇 인용들을 보자면 다음과 같다. "루소의 장점은 이미 변증법적 방법으로 사회의 역사를 그려 냈다는 점이다."(J.-L. Lecercle, *Introduction au* Discours sur l'origine de l'inégalité, Éditions sociales, 1965, p. 42); "마르크스-레닌주의는 개개인의 특성을 고려하는 루소적 평등주의의 요구를 명심해야 한다." (G. Della Volpe, *Rousseau et Marx, et autres essais de critique matérialiste*, Grasset, 1974, p. 107); "루소의 구상이 갖고 있는 절대적인 착오에도 불구하고 그의 이론은 극히 혁명적인 구실을 수행했다."(N. Boukharine, *La Théorie du matérialisme historique : manuel populaire de sociologie marxiste*, Anthropos, 1977, p. 96); "마르크스주의적 […] 분석은 그것이 루소가 제기한 문제, 곧 사회적 결속과 관련한 […] 문제를 해결하려고 한 것이라는 점을 제외하고는 루소의 분석과 아무런 공통점도 존재하지 않는다."(H. Lefebvre, *De l'État*, tome III, UGE 10/18, 1977); "루소, 마르크스, 레닌은 사회에서만, 사회를 통해서만 자유가 존재한다는 점, 그리고 사회를 변혁시킴으로써 자유가 보장된다는 점을 보여 주었다."(G. Besse, in *Europe* n° 391~392, décembre 1961); "루소는 『인간 불평등 기원론』에서 사회적 조건(즉 인간들 간의 관계)이 경제적 조건(즉 인간과 자연의 관계)에 의존한다는 것을 보여 줌으로써 그것(사회적 조건과 이데올로기 간의 관계를 설명하기 위한 다른 항의 도입 필요성)을 표현했다."(L. Althusser, "Les problèmes philosophiques de l'histoire", 1955, in *Politique et histoire, de Machiavel à Marx*, p. 175) [진태원 옮김, 「역사철학의 문제들」, 『알튀세르의 정치철학 강의』, 251~252쪽]

명세를 탄 공산주의 철학자와는 놀랄 만큼 거리가 멀어 보이게 된다.

사후 간행 텍스트들과 알튀세르의 서신을 읽는다면 사정이 그렇지 않음을, 1972년 강의에서 알튀세르가 이중의 사고에 따라 유물론 철학의 문제를 반추한 것임을 알 수 있다.

한편으로, 알튀세르는 "자신의 마르크스"를 제작해 낸다.[27) 마르크스주의의 고전적 용어들에 새로운 내용을 부여하기 위해 그것들을 되풀이한다는 것이다. 그는 낡은 부대에 새 술을 담는다. 즉 단어들을 보전하되 그것에 역사적 인과성에 관한 새로운 이론을 고안할 수 있게 하는 의미를 부여한다.[28) 유물론의 존재론적 관심사(물질은 관념에 선행한다 등)에서 벗어나 인식론에 관한, 또 실천 우위의 이론에 관한 유물론을 정초한다. 이는 상당히 잘 알려져 있는 바다.

그러나 다른 한편, 무, 예측불허의 마주침, 정황, 사후 인과성 등등에 관한 이러한 "루소적" 표상은 일찍이 알튀세르의 관심사였다. 이는 그의 서신에서 입증되는 것으로, 이 강의가 행해지기 1년 전인 1971년에 친구 프랑카에게 보내는 편지에서 알튀세르는 다음과 같이 말한다. "마주침. 이 단어는 내게 매우 커다란 중요성과 깊은 울림을 가져다준다네. 나는 변증법에 대한 하나의 조명이 될 철학적 개입을 위해 그 단

---

27) "나는 현실적 마르크스와는 사뭇 다른 내 나름의 마르크스를 제작해 냈다. […] 마르크스의 유물론적 원리와 양립 불가능해 보이는 모든 것들을 마르크스로부터 제거했다. […] 무엇보다도 변증법의 호교론적인 범주들, 나아가 변증법 그 자체까지도 제거했다."(Louis Althusser, *L'avenir dure longtemps*, Stock/IMEC, 1992, p. 214 [2007년 판으로는 p. 254.]) [권은미 옮김, 『미래는 오래 지속된다』, 이매진, 2008, 291~292쪽.]

28) Yves Vargas, "L'horreur dialectique (description d'un itinéraire)", in J.-C. Bourdin (dir.), *Althusser: une lecture de Marx*, PUF, 2008.

어를 잘 간직하고 있다네."[29] 또한 레닌에 관한 강연에서 꺼낸 몇 마디에서도 드러난다. "기존의 철학적 범주들의 자리를 이동시키거나 그것들을 변양시키는 각각의 철학의 개입은 […] 그야말로 철학적인 무인데, […] 왜냐하면 경계선은 실제로는 아무것도 아니며, 심지어 하나의 흔적도 아닌, […] 따라서 **거리를 취함으로써 생겨난 공백이기** 때문이다."[30] 그러나 무엇보다도 우리는 "마주침의 유물론"을 일깨우는 알튀세르의 사후 자서전을 통해서 그것을 명확히 확인할 수 있다. "나는 내가 가지고 있던 2백 쪽에 이르는 철학 수고를 타이핑했다(1982년 11월에서 1983년 2월 사이). […] 사실 나는 거기서 내가 20여 년 전부터 아무에게도 말하지 않고 고이 머릿속에 간직해 오던 일련의 생각들(그만큼 내게는 그 생각들이 중요해 보였다)을 처음으로 글로 표현했다."[31] 이 중요한 생각이 마주침의 유물론인 것이다. 알튀세르는 그 "지하의 흐름"의 재출현을 드러내고 싶어 한다. 그것은 에피쿠로스와 데모크리토스의 것이지만 루소가 재활성화시킨 것이며,[32] 알튀세르는 긴박하게 쓰인 그 텍스트에서 이 1972년 강의를 부분적으로 되풀이하고 있는 것이다.

---

29) Louis Althusser, *Lettres à Franca* (1961-1973), Stock/IMEC, 1998, p. 784.

30) Louis Althusser, *Lénine et la philosophie*, Maspéro, 1969, p. 51. *Solitude de Machiavel*, PUF, 1999, p. 132에 재수록(강조는 알튀세르). [진태원 옮김, 「레닌과 철학」, 『레닌과 미래의 혁명』, 그린비, 2008, 319쪽.] 동일한 관점에서 이 텍스트를 분석한 것으로는 Pierre Macherey, *Histoires de dinosaure*, PUF, 1999, p. 275.

31) Althusser, *L'avenir dure longtemps*, p. 261. [권은미 옮김, 『미래는 오래 지속된다』, 347쪽.]

32) "우리가 마주침의 유물론을 회복할 수 있게 한 것은 「인간 불평등 기원론」과 「언어 기원론」의 루소 덕분이기도 하다."(Louis Althusser, "Le courant souterrain du matérialisme de la rencontre", in *Écrits philosophiques et politiques*, I, p. 556) [서관모·백승욱 옮김, 「마주침의 유물론이라는 은밀한 흐름」, 『철학과 맑스주의: 우발성의 유물론을 위하여』, 63쪽.]

여기서 이 새로운 철학을 소개할 순 없으므로[33] 우리의 관심사인 루소 강의에 반향된 그 테마들만을 확인하는 것으로 만족하자. 몇몇 인용들이 이 유물론과 (기계론적 내지는 변증법적) 전통적 유물론(주지하는 바와 같이 필연성 및 결정론의 사고, 존재의 법칙들에 관한 사고) 간의 근본적 차이를 주도적으로 드러낸다.

"제 의도는 철학사에서 인정받지 못한 하나의 유물론 전통이 존재함을 역설하는 것입니다. 그것은 데모크리토스, 에피쿠로스, 마키아벨리, 홉스, 루소(『인간 불평등 기원론』의 루소), 마르크스, 하이데거의 전통입니다. 이들이 옹호한 공백, 한계, 주변/여백, 중심의 부재, 중심에서 주변/여백으로의 자리 이동(또한 그 반대로의 자리 이동), 자유라는 범주들과 함께 말입니다. 이는 마주침의 유물론, 우연성의 유물론, 요컨대 우발성의 유물론입니다."[34]

"이 철학은 완전한 공백의 철학이다. […] 스스로에게 실존을 부여하기 위해 **철학적 공백을 만드는** 철학. […] 이 철학의 전형적인 "대상"은 무, 아무것도 아님, 공백이다."[35]

이 공백은 바로 루소의 역사 이론에 관한 알튀세르의 해석에서 강

33) 이에 관해 특히 참고할 만한 것으로는 Jean-Claude Bourdin, "Matérialisme aléatoire et pensée de la conjoncture. Au-delà de Marx", in J.-C. Boudin (dir.), *Althusser: une lecture de Marx*. 아울러 Annie Ibrahim (dir.), *Autour d'Althusser, pour un matérialisme aléatoire*, Le Temps des Cerises, 2012.

34) Louis Althusser, "Philosophie et marxisme, entretiens avec Fernanda Navarro (1984-1987)", in *Sur la philosophie*, Gallimard, 1994, p. 42. [서관모·백승욱 옮김, 「철학과 마르크스주의: 페르난다 나바로와의 대담(1984-1987)」, 『철학에 대하여』, 동문선, 1997, 43쪽.]

35) Louis Althusser, "Le courant souterrain du matérialisme de la rencontre", *op. cit.*, p. 547(강조는 알튀세르). [서관모·백승욱 옮김, 「마주침의 유물론이라는 은밀한 흐름」, 『철학과 맑스주의: 우발성의 유물론을 위하여』, 47쪽.]

조된 것이다. 공백이란 현재의 내부에 있는 미래의 무이며, 가능한 것의 윤곽을 그릴 수 있게 하는 모든 일반 법칙의 부재이다. 따라서 현실은 "기성사실들", "마주침들", "우연성"의 귀결에 다름 아니며, (전통 유물론의 장에서 그토록 중요한) 필연성이란 기성사실로의 사고의 복귀일 뿐이다. 기성사실은 절대적으로 예측 불가능한 것이었는데, 사고는 그 기성사실의 필연성을 확립하기 위해 기성사실을 다시금 취한다. 역사적 현실은 필연성의 법칙들을 만들어 내고, 사고는 "달리는 기차를 탄다". 그리고 기차 속도에 스스로를 내맡기고는 사후에 그 법칙들을 파악한다.[36]

이 사후 간행 텍스트(「마주침의 유물론이라는 지하의 흐름」)에서는 루소에게 진 빚이 길게 표명된다.[37] "확실히 루소의 가장 심오한 면은 […] 필연성의 우연성을 우연성의 필연성의 효과로서 사고하는, 가능한 역사 이론 전체에 관한 이러한 시각에 있다. 이 개념 쌍은 […] 루소에 의해 명명백백하게 제기된 것이다."[38]

---

36) "서부영화에서 그런 것처럼 그는 언제나 달리는 기차를 탄다. 어디서 오는지(기원), 어디로 가는지(목적) 알지 못한 채로 말이다. 그러고는 도중에 하차한다.…"("Portrait du philosophe matérialiste", in *Écrits philosophiques et politiques*, I, p. 581) [서관모·백승욱 옮김, 「유물론 철학자의 초상」, 같은 책, 133쪽.]

37) 반대로 1987년 멕시코에서 출간된 텍스트(*Philosophie et marxisme*)에서는 이상하게도 이 점을 소홀히 하는 듯 보인다. [서관모·백승욱 옮김, 「철학과 마르크스주의: 페르난다 나바로와의 대담(1984-1987)」, 『철학에 대하여』.]

38) Louis Althusser, "Le courant souterrain du matérialisme de la rencontre", *op. cit.*, p. 560. [서관모·백승욱 옮김, 「마주침의 유물론이라는 은밀한 흐름」, 『철학과 맑스주의: 우발성의 유물론을 위하여』, 68~69쪽.] "필연성과 우연성"의 관계에 대해서는 오지 겐타(王寺賢太)의 연구를 참고할 만하다. Kenta Ohji, "nécessité/contingence. Rousseau et les Lumières selon Althusser", *Revue Lumières* n° 15, 1er semestre 2010. [황재민 옮김, 「필연성/우연성: 알튀세르의 루소와 계몽주의」, 『문화과학』, 90, 2017, 332~362쪽.]

긴박하게 쓰인 이러한 구절들에서 우리는 1972년의 알튀세르의 루소를 찾아낼 수 있다. 물론 몇 가지 차이들이 있다. 루소 강의에서 "공백"과 "무"에 이론적 지위를 부여하는 것은 "원환"의 통념이다. 왜냐하면 그 공백은 외부가 없이 자체상에서 굳어지고 닫힌 어떤 수준과 결부된 인과성의 공백이기 때문이다. 즉 공백이란 하나의 닫힘인 것이다. 마주침의 유물론에 관한 텍스트에서는 원환이 파괴되고 공백과 무가 방출된다. 공백과 무가 사고 가능한 실재 전체에 흘러 들어가 (자연 상태 등의) 특수한 형상화가 아닌 철학 그 자체를 구성하는 것이다. 루소의 이론은 이제 그 뼈대를 이루고 있던 자체의 "원환들"로부터 해방되는 것이다. 이를 명확히 보여 주는 예가 숲이다. 숲은 1972년 강의에서는 순수 자연 원환의 방어막이자 모든 인간 진화의 차단막이지만 마주침의 유물론 텍스트에서는 공백, 즉 원자들 사이에, 또한 인간들 사이에 마주침이 없는 에피쿠로스적 공백의 일반적 범례가 된다. 숲은 사회적인 것을 배제하는 식량의 넘침, 피난처의 넘침, "사회의 무"인 자연적인 넘침이었다. 이는 그 자체로 닫혀 있는 순수 자연이라는 가설을 빼고는 상상할 수 없는 것이었다. 이제 다음에 오는 인용에서는 "사회의 무"가 순수 자연의 원환에서 벗어나 "모든 사회의 본질"로 전환된다. 그러나 강의에서 이 본질은 "무"에서 생겨나지 않고 ─ 그 무가 "아무것도 아닌 것의 기원"인 까닭에 ─, 전적으로 이질적인 우발 사건에서 생겨난다. 이 우발 사건은 무에서 생겨나기는커녕 그 무를 종결짓는 것이다. 관련된 사후 텍스트의 구절은 이렇다.

"숲은 원자들의 비가 평행으로 내리는 에피쿠로스적 공백과 동등한 것이다. 루소는 그런 방식으로 […] **사회의 무**를 […] 나타내려고 했다. 모든 사회의 본질을 구성하는 사회의 무."[39]

　　마주침의 유물론에서는 원환을 위한 공간이 존재하지 않으며, 알튀세르는 강의에서 위상학적 기저를 이루는 그 형상을 포기하는 것처럼 보인다.[40] 우리가 그러한 형상을 우연하게 재발견하게 되는 것은 알튀세르가 자신의 자서전적 이야기에서 독일 포로 시절에 대해 말할 때이다. 루소가 내적으로(마음을 통해) 탈자연의 원환에서 빠져나오듯이 이 전쟁 포로는 수용소 깊숙한 곳에 은신함으로써 도망갈 생각을 했던 것이다![41]

　　「아미엥에서의 주장」에서는 좀더 진지하게 원환의 통념을 비판하면서 그것이 유물론과 어울리기에는 너무나 헤겔적이라고 간주한다. "원환은 닫혀 있는 것이며, 이러한 원환에 상응하는 총체성의 통념은 우리가 모든 현상들을 남김없이 포괄해서 그 중심의 단순한 통일성 속에서 그 현상들을 한데 모을 수 있음을 가정한다."[42]

---

39) Louis Althusser, *Ibid.*, p. 556. [서관모·백승욱 옮김, 「마주침의 유물론이라는 은밀한 흐름」, 『철학과 맑스주의: 우발성의 유물론을 위하여』, 64~65쪽.]

40) 그런데 원환을 포기함으로써 역사의 관점이 변모된다는 점에 주목해야 한다. 이제 문제는 바깥에서 사회를 교란하는 사회 외부의 사건들이 아니라 "마주침들", 즉 사전에 그 교차점이 주어지지 않는 독자적인 인과 계열들이다(알튀세르가 언급한 쿠르노의 이론, p. 566). [같은 글, 『철학과 맑스주의: 우발성의 유물론을 위하여』, 78쪽.] 따라서 역사 인과성이 여기서는 체계 내부에 있는 것이다. 우리는 원환의 불가능한 미래에서 예측 불허이긴 하지만 가능한 미래로 옮겨 간 것이다.

41) "옛날의 내 탈출 문제, 즉 어떻게 하면 수용소에 있으면서도 그로부터 빠져나올 수 있는가 하는 문제…."(*L'avenir dure longtemps*, p. 198) [권은미 옮김, 『미래는 오래 지속된다』, 274쪽.] 그 것은 실질적 도망을 위해 사나흘 동안 수용소 어디에선가 숨어 있으면서 수색의 종료를 기다리는 것이었다.

42) Louis Althusser, "Soutenance d'Amiens", in *Positions*, Éditions sociales, pp. 145~146 (*Solitude de Machiavel*, p. 214에 재수록). [김동수 옮김, 「아미엥에서의 주장」, 『아미엥에서의 주장』, 솔, 1991, 151쪽.]

반대로 각각의 시대를 특징짓는 역사의 다원적 법칙들이라는 주제는 (이미 강의에서 소개된) 사후l'après-coup라는 이론적 보충물과 함께, 좀더 강력하게 되풀이된다.

"모든 규정은 결과에서 그 결과의 생성으로 **역행하는 복귀**retour en arrière 속에서만, 즉 그 생성의 회귀 속에서만 지정될 수 있다. […] 필연성을 우연성들의 마주침의 필연적 생성으로 사고해야 한다. […] 각각의 역사적 시대에는 자체의 법칙들이 있다."[43]

따라서 알튀세르가 루소주의적 이론의 허술한 짜임(루소는 다른데 시선을 둔다)을 드러낼 수 있게 만드는 모든 기저 개념들은 누구에게도 털어놓지 않고 머릿속으로만 가지고 있던 그러한 구상에서 생겨난 것이다. 이 구상은 알튀세르가 자신에게 맞는 마르크스를 구축한 것처럼 "자신의 루소"[44]를 구축할 수 있게 한다. 루소는 무, 마주침, 사후 등등이 돌발하도록 만드는 알튀세르의 실험 현장인 것이다. 이러한 범주들은 그만큼 루소주의적인 것은 아니지만, 그럼에도 알튀세르에게는 더할 나위 없이 적합한 것들이다. "우리가 마주침의 유물론을 회복할 수 있게 된 것은『인간 불평등 기원론』의 루소 덕분이다."[45]

우리가 본 바와 같이 "회복"에서 핵심은 사후의 마주침이지 어떤

---

43) Louis Althusser, "Le courant souterrain du matérialisme de la rencontre", *op. cit.*, pp. 566, 568(강조는 알튀세르). [같은 글,『철학과 맑스주의: 우발성의 유물론을 위하여』, 79, 82쪽.]

44) 이러한 "지하의 유물론 흐름"과 관련해서 알튀세르는 "『인간 불평등 기원론』의 루소"라고 명확히 하면서 루소 인용에 신중을 기하는데, 당연하게도 이는 루소가 "때마침"(au bon moment) 일어나는 우연성을 사고하려 했기 때문이다. 물론 루소가 그렇게 한 것은 목적론과 기계론이 뒤엉킨 일종의 인과적 브리콜라주에 의한 것이었다. 루소가 그와 같은 뒤엉킨 역사 이론으로 향한다는 것은『에밀』에서 드러난다.

45) *Ibid.*, p. 556. [같은 책, 63쪽.]

연속성이 아니다. 루소가 마주침의 유물론을 회복했다 함은 곧 마주침의 유물론이 여전히 드넓게 자리한 미지의 독해의 장을 열면서 루소를 회복했다는 의미인 것이다.

2012년 5월

이브 바르가스

Cours sur Rousseau

제1강. 1972년 2월 25일

　　지난번에 예고해 드렸듯이 저는 스피노자의 법사상과 정치
사상에 관해 한 차례 내지는 몇 차례에 걸쳐 이 자리에서 발표를 해볼
계획이었는데요. 그런데 자료를 좀 찾아보다가 해당 주제에 관한 아주
탁월한 작업이 몇 달 전에 나왔다는 사실을 알게 되었습니다. 바로 마
트롱의 학위논문『스피노자 철학에서 개인과 공동체』*입니다. 아무래
도 제가 그 주제에 달려든다면 결국 마트롱이 쓴 것을 되풀이하는 꼴
이 될 것 같았습니다. 그렇기 때문에 저는 다른 주제, 다른 저자에 대해
말씀드리는 것이 좀더 유익하지 않을까 생각했고, 그래서 여러분에게
루소에 관한, 그다지 널리 통용되지 않은 몇 가지 성찰들을 제시해 보
겠노라 생각했습니다.

---

* Alexandre Matheron, *Individu et Communauté chez Spinoza*, Minuit, 1988; 김문수·김
　은주 옮김,『스피노자 철학에서 개인과 공동체』, 그린비, 2008.—옮긴이

수업 계획을 바꾸는 것은 명백히 제왕스러운 전횡이라서 송구스럽습니다만, 달리 도리가 없었는데요. 제가 그다지 유능하지도 않은 데다, 저는 아주 조금만 알고 있는, 하지만 다른 많은 저자들의 경우에는 그렇지 않은 그 무언가에 대해서 제가 왈가왈부한다는 게 탐탁지가 않았습니다. 사실 루소의 경우도 마찬가지인데요. 그래서 저는 여러분께 먼저 마키아벨리에 대해서 말씀드리고 그 다음에 루소에 대해서 말씀드리는 식으로 진행해 보려고 합니다.

마키아벨리에 대해 말씀드린 다음에 루소에 대해 말씀드린다는 것은 역사상의 두 세기를, 특히 자연권 철학의 두 세기를 건너뛴다는 점에서 시대를 바꾸는 것입니다. 하지만 그것은 또한 세계를 바꾸는 것이기도 합니다. 단지 역사적 세계를 바꾸는 것이 아니라 이론적 세계 또한 바꾸는 것입니다. 아주 정확히 말하자면, 반성의 대상, 나아가 반성의 형식, 사고의 형식, 사고의 양상을 바꾸는 것입니다. 이런 점에서 그 두 세계의 차이들을 두드러지게 하기 위해서는, 그러한 의도를 갖는 것이 아무리 역설적이라 해도, 사고상에서 마키아벨리의 세계와 자연권 철학의 세계, 그리고 루소의 세계를 비교하는 일에 관심을 두지 않을 수 없습니다.

제 생각에 우리는 다음과 같은 점을 결정적 조건으로, 식별의 조건으로 간주할 수 있습니다. 마키아벨리에게나 자연권 이론가들에게나 쟁점이 되는 것, 관건이 되는 것, 문제가 되는 것은 바로 신흥 부르주아 국가의 실현 형태로서의 절대왕정, 즉 그들 각각이 속한 상이한 역사들에 공통적인 객관적 지시체라는 점입니다. 그럼에도 불구하고 이 동일한 역사적 지시체가 하는 역할은 마키아벨리와 자연권 이론가들 사이에 아무런 공통점을 지니지 않으며, 따라서 그들의 이론적 세계는 같은 것이 아니게 되는데, 왜냐하면 절대왕정은 거기서 동일한 공간을 차지하지 않기 때문입니다. 절대왕정은 대상으로서 동일한 의미를 지니지 않다는 말입니다. 그러므로 그들의 세계는 동일한 세계가 아닌 것입니다. 돌멩이 하나로 인해 변한다는 파스칼의 대양처럼,[1] 마키아벨리와 자연권 철학자들의 정치적·이론적·철학적 세계는 하나의 양태 때문에, 즉 그들의 고찰 대상인 절대왕정, 절대적 정치권력의 존재 양상 때문에 변화한다고 말할 수 있을 것입니다. 이러한 차이를 나타내기 위해 우리는 다음과 같이 말할 수 있습니다. 곧 마키아벨리의 세계는 절대왕정, 곧 국민국가가 실재하는, 현존하는, 확립된 대상으로서 존재하지 않고 실현해야 할 정치적 목표로서 존재하는 세계라는 점입니다. 달리 말해서 마키아벨리에게 국가적 통일은 달성된 사실/기성사실 fait accompli이 아니라 **달성해야 할 사실** fait à accomplir인 것입니다. 그리고 우리가 확인하다시피 마키아벨리의 사상 전체는 이러한 과업에, 즉 새로운 군주를 필두로 국가 통일을 실현하는 새로운 국가를 구성하는 과업에 복무하는 것이었습니다. 또한 우리는 일정한 정치적 이유들 때문에, 마키아벨리의 사상이 아직 존재하지 않는 것에 대한 실존 가능성의 조건들을 사고해야 한다는, 다시 말해 **근본적 시작을 사고해야 한다는** 전적으로 유례없고 근본적인 그 과업을 감내해야만 했음을 알고 있습니다. 왜냐하면 통일 국가의 개시를 위한 정치적

---

1) "가장 작은 움직임도 온 땅에 영향을 준다. 돌멩이 하나로 인해 대양 전체가 변한다." Blaise Pascal, *Pensées*, 505 édition Brunschvicg, 656 édition Chevalier, Pléiade, p. 1296. [정봉구 옮김, 『팡세』, 육문사, 2019, 276쪽.]

토대가 어디에도 존재하지 않으므로 그러한 토대는 시작되어야만 했고, 또 그러한 토대를 창조해야만 했기 때문입니다. 따라서 그것의 절대적 시작을 사고해야 하고, 그 절대적 시작의 가능성의 조건들을 규정해야 하는 것입니다. 이로부터 마키아벨리의 대상, 즉 절대왕정은 정치적 목표라는 방식으로, 하나의 정치적 목표라는 방식으로 존재하게 되는 것입니다. 마키아벨리는 그 대상을 예외적인 이론적 조건들 속에서 사고해야 합니다. 요컨대 마키아벨리는 한편으로 달성해야 할 사실을 사고해야 합니다. 달성해야 할 사실 속에서, 달성해야 할 사실의 요소 속에서, 달성해야 할 사실이라는 문제 속에서 사고해야 합니다. 그리고 다른 한편으로, 결국 마찬가지이긴 합니다만, 마키아벨리는 시작 그 자체를 사고해야 합니다. 시작 속에서, 시작의 요소 속에서, 시작이라는 문제의 요소 속에서 사고해야 합니다. 여기서 결정적인 것은 달성해야 할 사실과 시작이라는 두 표현입니다.

과연 이 두 표현이 두 가지 개념이라고 말할 수 있을까요? 이 문제를 보류하면서 저는 다음과 같이 말하겠습니다. 즉 어찌됐든 그 두 표현이 두 가지 개념이라고 가정한다면, 두 표현은 호응을 이루면서 마키아벨리의 대상이자 동시에 마키아벨리의 사고 형식, 그의 종별적인 사고 형식이라고 부를 수 있는 것을 규정한다고 말입니다. 또한 우리는 다음과 같이 덧붙일 수 있습니다. 곧 달성해야 할 사실과 시작이 이를테면 음악적인 의미에서 연주될 수 있는 것은 그들 사이의 연접 속에서라고 말입니다. 두 표현은 하나의 무성 철학, 즉 철학적 형식으로는 끝내 표현되지 못한 어떤 철학의 악보 같은 것입니다. 어느 누구도 집어 들지 않았기 때문에 거행된 적이 없는 철학적 시작의 악보입니다. 그런 만큼 마키아벨리가 철학 전체, 고전적인 철학에 이질적인 것으로 남게 된 것은 놀랄 만한 일이 아닙니다. 지배적인 고전 철학, 나아가 그러한 지배를 받았던 고전 철학까지도 마키아벨리를 철학에서 이질적인 것으로서, 철학에서 반품 처리된 것으로 간주했던 것은 놀랄 만한 일이 아닌 것입니다. 그렇다면 실제로 우리가 그러한 철학의 편에 서서 봤을 때, 이 철학이 자기 부담으로 달성해야 할 사실과 시작이라는 쌍 속에서 사고했던 적은 없었던 걸까요? 철학이 달성해야 할 사실과 시작을 사고하려고 시도해 본 적이 없었던 것일까요?

자, 이제 자연권 철학의 상황은 아직 철학이 아닌 이 마키아벨리의 상황과는 명백히 아주 다릅니다. 자연권 철학은 아주 다른 문제에 종속된다는 것입니다. 단순한 이유 때문입니다. 그 이론가들의 세계에서는 절대왕정 또는 통일 국가가 달성된 사실인 것입니다. 전적으로 달성된 사실은 아닐망정, 최소한 완전하게 인지되고 완전하게 규정된 기존의 정치적 토대들에서 출발해 달성되어 가는 불가역적인 사실입니다. 그리고 역사는 그들의 임무가 달성될 때까지 그러한 정치적 토대들이 확대되고 있음을 보여 줍니다. 자, 이처럼 언제나 동일한 지시체와 관련되지만 다른 양태 위에 있다는 이 단순한 사실로부터 마키아벨리와의 첫 번째 근본적 차이가 나오는 것입니다.

이렇게 자연권 이론가들은 달성된 사실 속에서 사고하고 달성된 사실을 사고합니다. 물론 그들의 이론 속에서 절대왕정이라는 달성된 사실에 대한 여러 정치적 입장들을 이해할 수 있습니다. 예를 들어 홉스처럼 절대주의, 즉 부르주아 자본주의 초기 형태들의 발전 속에서 왕정에 대한, 절대왕정 **독재**에 대한 지지를 표명하고 명시하는 경우가 있습니다. 또는 로크와 같이 그 이후 단계에서 자유주의를 표명하는 경우, 루소처럼 민주주의를 표명하는 경우도 있습니다. 달성된 사실에 대한 찬동과 반대, 또 "찬동"의 몇몇 형태에 대한 "반대" 등 자연권의 역사 속에서 관찰할 수 있는 그러한 모든 입장 선택은 어쨌든 달성된 사실의 요소 속에서 행해지는 것이며, 마키아벨리의 달성해야 할 사실이라는 문제 설정과는 무관한 것입니다. 결론적으로 그것은 마키아벨리의 물음들 중의 물음, 시작의 물음과는 아무런 관련도 없습니다. 자연권 이론이 무대에 오르고 마키아벨리는 무대에서 퇴장합니다. 아니 오히려 마키아벨리는 등장한 적도 없는 것처럼 느껴집니다. 그는 오래전부터 줄곧 다른 곳에 있었던 것입니다. 그러니까 자연권 철학은 달성된 사실을 사고하고 달성된 사실 속에서 사고합니다. 자연권 철학의 대상 및 사고 형식은 제가 앞으로 말씀드릴 것처럼 마키아벨리의 대상과는 완전히 다른 방식으로 규정될 것입니다. 자연권 철학의 대상은 정치권력일 텐데요. 그것은 달성해야 할 과업도 아니고, 존재와 무의 우연적 관계도 아니며, 사건이나 시작도 아닌, 실존하는 것, 존재하는 것으로서의 정치권력인 것입니다. 그리고 이 대상은 존재자 및 존재자의 본질이라는 범주들 속에서 사고될 것입니다. 따라서 우연과 마주침이라는 용어로, 사건 및 도래라는 용어로 사고되지 않고, 실존과 본질이라는 용어로 사고될 것입니다. 자연권 철학은 사회, 시민적 권리, 정치적 권리의 실존과 본질을 다룰 것이라는 얘기입니다. 자연권 철학은 그러한 (자연권, 시민적·정치적 권리의) 본질들을 근원적 본질, 곧 자연 상태의 인간이라는 근원적 주체에 속한 자연권의 본질과 관련 짓습니다.

마키아벨리는 달성해야 할 사실과 시작 속에서 사고하는데, 자연권 **철학은 달성된 사실 속에서, 그리고 기원 속에서 사고하고 있습니다**. 제가 여기서 시작과 기원을 대립시키고 있는데요. 이 기원은 분명 시작과 전혀 다른 것입니다. 기원은 사건이 아닙니다. 사건에서는 이미 거기에 있는, 항상 이미 거기에 있는, 형상화되지 않았거나 다른 식으로 형상화된 어떤 질료의 바탕 위에서 영원성 형식의 시작이 일어납니다. 기원은 전혀 다른 철학적 지시 양태, 전혀 다른 철학적 지시 세계에 속하는 것입니다. 기원이란 무엇일까요? 그것은 **자연/본성의 명증함 속에서의 권리 자격의 발현**입니다. 모든 본질의 권리 자격, 특히 시민적·정치적 권리의 본질에 관한 권리 자격이며, 마찬가지로 진리의 권리 자격입니다. 자연권 철학에서는 어째서 사정이 이런 걸까요? 단순한 이유 때문인데요. 물론 수많은 해설을 요하는 것이겠습니다만, 우리는 다음과 같이 첫걸음을 내딛을 수 있겠습니다. 즉, 기원에 대한 사고는 기원과 자연/본성을 동일시하고 권리주체에게 명증한 본성을 부여한다. 이러한 기원에 대한 사고는 제가 말씀드린 형식 가운데 그 당시, 그러니까 18세기와 19세기에 전형적인 철학적 사고 형식이었습니다. 그런데 이 말을 강한 의미로 이해해야 합니다. 전형적인 철학적 사고 형식이란, 달리 말해 철학적 사고의 정초 형식, 정당화 형식, 정당성 형식인 것입니다. 정초하고 정당화하고 정당성을 부여하는 것으로서의 철학적 사고의 형식입니다. 당시 자연권 이론가들이 기원 속에서 사고한 이유는 기원이 모든 본질의 자격에 대해 정당성을 부여하는 철학적 형식이기 때문입니다. 그리고 그들은 공통의 대상, 즉 그들에게 공통의 철학적 문제가 되는 절대왕정에 대해서 엇갈리는 그들 자신의 정치적 입장을 정당화하기 위해 그 공통의 형식을 거치도록 강제됩니다. 이 때문에 그들 모두에게 절대왕정의 문제는 그에 관한 찬반을 떠나 기원의 상태에 의거한 국가의 기원이라는 철학적 문제가 되는 것입니다. 자연 상태 및 자연권의 문제란 곧 자연 상태에서 국가의 본성으로의 이행인데요. 여러분이 잘 알다시피 이는 사회계약으로 해결됩니다. 당장은 멀리 나아가지 말고 단순히 이렇게 말했으면 좋겠습니다. 마키아벨리에서 루소로 넘어감으로써 우리는 곧 세계를 바꾼다고 말입니다. 느끼셨을 텐데요. 우리는 성찰의 대상을 바꾸고, 동시에 철학적 사고의 형식을 바꾸고 있습니다.

우리는 루소가 누구인지 알고 있는데요. 말하자면 우리는 공인된 방식으로 루소를 알고 있습니다. 어째서일까요? 그가 철학사에 기입되었기 때문입니다. 루소가 철학사에 기입된 것은 철학에 의한 것입니다. 그러니까 바로 그 철학이 자기 자신의 역사에 루소를 기입했던 것입니다. 예컨대 철학은 한편에 로크와 콩디야크Étienne Bonnot de Condillac가 있고, 다른 한편에 칸트와 헤겔이 있는데, 그 사이에 루소를 기입했습니다. 따라서 루소는 하나의 뚜렷한 공간을 차지하며, 이 공간이 루소에게 부여되는 것은 그가 말하고 철학사에서 인정된, 즉 철학에 의해서 철학으로서 철학사에서 인정된 여러 개념들의 확인 및 성찰에 의거한 것이었습니다. 예를 들어 칸트가 루소에게서 취했던 개념들이 있습니다. 자, 그런데요. 제가 보여 주고자 하는 것은 이러한 공인된 루소, 철학사에 기입된 루소에서 벗어나 있고 마키아벨리의 경우처럼 철학적으로 거의 사문화되다시피 한 루소의 모습, 루소의 단어들,

루소의 추론들이 존재한다는 점입니다. 그러니까 제게는 이러한 접근이 완전히 자의적이지는 않은 것 같다는 말인데요. 달리 말하자면, 철학이 자신의 역사에 관해 계산을 하거나 결제를 할 때, 철학이 철학사라는 계산서에 작성하지 않은 루소의 단어들, 어쩌면 개념들, 추론들이 존재한다는 것입니다. 철학은 철학사에 루소의 이러저러한 공헌을 기입하며 계산을 했는데요. 더하기는 틀리지 않았습니다. 그런데 철학이 작성한 손실이나 이득을 나타내는 숫자들 가운데 몇몇 숫자들이, 즉 몇몇 단어들과 개념들이 계산에서 잔액이 되고 절사가 되어 버린 것입니다. 제가 드러내 보이려고 하는 것은 철학사에서 루소에게로 반품이 돼 버린 그러한 단어들과 개념들을 총망라한 명세서는 아닙니다. 몇 가지 것들에 대해서만 간단히 시도를 해 보는 것이지요.

이를 위해서 저는 『제2논고』, 즉 『인간들 간의 불평등의 기원과 기초들에 관한 시론』을 중심으로 발표를 진행할 것입니다. 문제 제기를 위해 다음과 같은 아포리아 내지 모순에서 출발하고자 합니다. 즉, 루소와 함께 비로소 확실하게(지금까지는 한편에 마키아벨리, 다른 한편에 자연권 철학을 놓고 말씀드렸으니까요) 자연권 학파와 동일한 문제 설정 속에, 동일한 근간 개념들 속에 놓이게 된다는 점입니다. 다시 말해서 홉스와 로크에게서 발견되는 것과 동일한 개념들과 함께 있게 되는 것입니다.[2] 물론 루소와 홉스·로크 간에 차이점들이 있을 테고

---

2) 마키아벨리와 루소에 관한 강의는 1971년 10-11월에 있었던 홉스와 로크에 관한 네 차례의 강의에 뒤이어 행해졌다.

요. 로크와 홉스 간에도, 그로티우스Hugo Grotius와 푸펜도르프, 또 뷔를라마키Jean-Jacques Burlamaqui와 로크 간에도 차이점들이 있습니다. 결국 루소와 그 선학들 간의 차이가 선학들 사이에서 있었던 차이보다 더 많은 것은 아닙니다. 우리가 이 모두의 공통적인 사고에 대해 말할 수 있다면 루소에 대해서도 사실상 그 기초는 동일하다는 점을 받아들여야 합니다. 좀더 정확히 말해서, 우리가 루소 안에서 작동하고 있다고 여기는 사고 형식, 전체를 지휘하는 사고 형식은 여전히 이전과 같은 동일한 사고 형식이라는 것입니다. 바로 기원에 대한 사고, 기원에 의지하는 사고입니다. 루소는 여러 군데서 아주 명쾌하게 말합니다. 사회의 기초를 발견하기 위해서는 사회의 기원으로 거슬러 올라가야 한다, 가능한 다른 길이란 없으며 우리 모두 이 길을 따라야 한다, 또한 이 기원이 인간의 본성이요, 자연 상태의 인간이다 등등. 결국 루소는 그 선학들이 말한 바를 반복합니다. 예컨대 『인간 불평등 기원론』이라는 이 텍스트가 그런데요. 이 텍스트는 기원적 인간 및 그의 실제 욕구들, 그리고 그가 행할 수밖에 없는 것들의 기본 원리들에 관한 연구입니다. 이는 유일하게 좋은 방법, 즉 불평등의 기원, 정치체의 진정한 기초들, 정치체의 구성원들이 갖는 상호 권리들, 또한 충분히 밝혀지지 않았기에 그만큼 중요한 헤아릴 수 없이 많은 유사한 문제들과 관련하여 생겨나는 수많은 난점들을 일소하기 위해서 이용할 수 있는 유일한 방법인 것입니다. 그러기에 루소는 "우리의 현재 상태를 제대로 판단하기 위해서는 자연 상태에 관한 정확한 통념들을 갖는 것이 필수적"이라고 말합니다.[3]

　이러한 접근방식은 그러니까 아주 명확한 것입니다. 인간의 본성을 발견하기 위해서는 자연 상태로, 기원의 상태로 거슬러 올라가는 것이 필수불가결하며, 바로 그러한 조건에서만이 우리가 자연권, 자연법, 제 사회의 기초, 시민적 권리, 정치적 제도들, 우리의 현재 상태에서 인간들 간에 횡행하고 있는 불평등 등등에 관한 인식에 이를 수 있습니다. 따라서 철학적 담론의 일반 형식은 여전히 동일하게 남아 있습니다. 그리고 우리는 기원에 의지하는 이러한 일반 형식하에서 그 선학들처럼 루소에게서도 반성의 주요 범주들, 즉 자연 상태, 전쟁 상태, 자연권, 자연법, 사회계약, 주권, 시민적 권리 등등이 동일하게 개입함을 확인하는 것입니다. 이는 법 영역에서 기원에 대한 사고가 취하는 불가피한 진용이며, 또 이 범주들은 권리의 본질이 발현되는 구획들에 따른 성찰의 세 가지 기본 계기들을 기준으로 묶입니다. 이 세 가지 계기들은 여러분들이 알고 있는 것들입니다. 바로 자연 상태(첫 번째 계기), 사회계약(두 번째 계기), 시민적 상태(세 번째 계기). 그리고 자연 상태로부터 유래하는 이러한 발생은 그 선학들에게서와 마찬가지로 루소에게서도 역사적 발생으로서 기능하지는 않을 것입니다. 반대로 루소에게서든 그 선학들에게서든 그러한 발생은 그것의 기원 자격의 명증함, 곧 자연의 명증함에 기초한 본질의 분석으로서 기능할 것입니다. 아마 기억하실 텐데요. 홉스는 사회를 그의 표현대로 "분해된" 것으로 간주해 사회의 근원적 요소들을 식별해 내자고 제안한 바 있습니다. 루소 자신은 다른 비유를 사용하는데요. 먼지로 뒤덮인

---

3) Jean-Jacques Rousseau, *Discours sur l'origine de l'inégalité*, préface, p. 123. [김중현 옮김, 『인간 불평등 기원론』, 41쪽.]

기초들이라는 비유가 그것입니다. "인간에 의한 체제들은 언뜻 보기에 허물어지기 쉬운 모래 더미에 기초한 것처럼 보인다. 그것을 자세히 검토함으로써만, 즉 그 구축물을 에워싸고 있는 먼지와 모래를 털어 낸 후에만 우리는 그 구축물의 견고한 토대를 발견하고 그러한 기초들을 손상시키지 않는 법을 배우게 된다."[4] "먼지와 모래를 털어 낸 후에"라고 하는 이러한 비유, 이러한 기초의 비유를 『인간 불평등 기원론』의 다른 대목들, 특히 자연 상태는 아마 이전에는 결코 존재하지 않았다고 말하는 그 유명한 대목과 비교한다면, 루소에게서 근원적 발생이란 현실적 발생, 역사적 발생이 아니라는 점을 확신할 수 있을 것입니다. 그러한 발생은 이론적 발생의 형식을 띠는 그의 선학들과 마찬가지로, 역사적 발생이 아니라 단순히 본질의 분석이기 때문입니다. 왜? 권리의 기초인 그 기원에서 그러한 본질의 규정들을 정당화하기 위해서입니다.

자, 이제 루소 독자라면 누구나 놀랄 것입니다. 루소와 홉스, 로크 등등을 아우르는 그러한 공통의 지반과 관련해, 당시 루소는 자신과 선학들을 구별 짓는 몇 가지 고유한 변주들만을 발전시켰을 뿐인데, 그것들은 어느 면에서 보나 단 하나의 동일한 불변 요소의 변주들이었습니다.[5] 그런데 저는 옹호도 가능하고 비판도 가능한 그러한 견지의 반대편에 서고자 합니다. 저는 단순하게 하나의 발상, 단 하나의

---

4) *Ibid.*, p. 127. [같은 책, 45쪽.]
5) 로베르 드라테(Robert Derathé)의 위대한 저작 *Jean-Jacques Rousseau et la science politique de son temps*이 출간된 시점이 1970년이다. 이 저작은 이미 루소 이전에 확립돼 있던 개념들 속에 루소를 위치시켜 그 일치점들과 불일치점들을 보여 준다.

발상만을 제시하고 그 발상을 분석하고 입증하려고만 할 것입니다. 저는 다음과 같은 발상을 제안하고자 합니다. 우리가 방금 전에 재확인하고 인정한 그러한 유사성은 실로 어떤 심층적인 차이를 숨기고 있다는 것이 그것입니다. 테마들이나 주제들, 그 변주들에서의 차이가 아니고요. 또 그저 몇몇 개념들에만 영향을 주는 차이도 아닙니다. 그런 것과는 전혀 무관한 그 차이는 **문제 설정과 대상의 차이**입니다. 제가 곧 보여드릴 것이 이것인데요. 제가 방금 전에 환기시켰던 그러한 고전적인 문제 설정이 루소에게는 사실상 변질된다는 게 제 생각입니다. 눈에 잘 띄지 않게 변질되고 의식 수준에 맞추어 변질됩니다. 또 항상 의식되지는 않습니다만 어떤 본질적인 차이에 의해 변질되고 관점의 간격, 사고의 간격에 의해 변질됩니다. 어디에서 이러한 변질이 행해지는 것일까요? 몇 가지 아주 명확한 지점에서라고 저는 생각합니다. 어떻게 이러한 변질이 행해질까요? 이제 그것을 확인하려고 할 것입니다. 여기서 제 계획을 알려드리겠습니다. 먼저 우리는 그러한 차이가 기원의 개념 자체에 대해서 근본적이고도 모순적인 형식으로 작용한다는 점을 알게 될 것입니다. 이어서 우리는 그 차이의 모든 효과들이 발생의 계기들의 장치에 따라 그때그때 펼쳐진다는 점을 알게 될 것입니다. 여기서 발생이란 철학자들로 하여금 자연 상태에서 시민적 상태로 이행토록 하는 그 발생인데요. 아무튼 이 부분은 제 발표의 2부에 해당될 것입니다. 저는 오늘 1부만으로 만족하려 합니다.

그러니까 이 증명의 시도의 1부는 앞으로 제가 **기원의 원환**이라고 부르고자 하는 것에 해당합니다. 루소를 모든 자연권 철학자들과 가깝게 만드는 것은 바로 루소가 그들과 마찬가지로 기원 속에서 사고한다는 점입니다. 이는 분명한 사실이니 우리가 재론할 여지가 없지요. 그런데 루소와 그들을 근본적으로 구분 짓는 것이 있습니다. 루소는 모든 기원의 철학자들 중에서도, 기원 속에서 사고하는 모든 자연권 철학자들 중에서도 **기원의 개념 그 자체에 대해서 사고하는** 유일한 인물이라는 점이 바로 그것입니다. 여기서 사고한다는 것은 강한 의미로 받아들여야 합니다. 즉 사용하고, 실행하고, 취급하고, 다루는 것뿐만 아니라, 개념 속에서 사고하는 것뿐만 아니라 강한 의미에서 사고한다는 것, 즉 개념을 대상으로서, 기원을 대상으로서 직면한다는 것입니다. 다시 말해서 기원을 사고를 위한 대상으로서 만든다는 것, 기원을 하나의 개념의 형식으로 사고하기 위한 대상으로서 만든다는 것입니다. 그러니까 루소는 모든 자연권 철학자들 가운데서도 그와 같이 행하는, 기원의 개념 그 자체를 사고하는 유일한 인물이라는 것입니다. 그리고 그와 같은 동일한 사고의 운동에 의해서 기원에 대한 근본적인 비판을 제시하는 유일한 인물이기도 한 것입니다. 이런 점에서 『인간 불평등 기원론』에서 두 가지 핵심적인 대목을 언급할 수 있겠는데요. 그것들은 작품 전반부에 놓인 것들입니다.

　　　루소는 이렇게 말합니다. "추정해 본 자연 상태에 관해서 내가 이처럼 길게 상술하는 이유." 바로 여기가 핵심 구절인데요. "그것은 바로 해묵은 오류들과 고질적인 편견들을 타파하기 위해서는 그 뿌리까지 파고들어야 한다고 생각하기 때문이다."[6] 첫 번째 핵심 대목이

---

6) *Discours sur l'origine de l'inégalité*, p. 160. [김중현 옮김, 『인간 불평등 기원론』, 88쪽.]

이것이고요.

두 번째 핵심 대목은 이렇습니다. "철학자들", 당연히 자연권 철학자들을 말하는 것입니다. "사회의 기초를 규명하고자 했던 철학자들은 모두 자연 상태로까지 거슬러 올라갈 필요성을 느꼈지만 아무도 거기에 이르지는 못했다."[7]

자, 우리가 루소의 이 두 가지 공언을 진지하게 받아들인다면 벌써 어떤 차이가 나타남을 확인할 수 있다고 저는 생각합니다. 루소가 공언하기를 자신은 "해묵은 오류들과 고질적인 편견들"과 싸워야 했다고 합니다. 그런데 그러한 "해묵은 오류들과 고질적인 편견들"은 바로 자신의 선학들인 자연권 학파가 가진 오류들과 편견들, 곧 우리가 바로 확인하게 될 것처럼 홉스와 로크의 오류입니다.

루소는 그러한 철학자들이 "자연 상태로까지 거슬러 올라갈 필요성"을 제대로 감지했지만 "아무도 거기에 이르지는 못했다"고 공언합니다. 그들이 거기에 이르지 못한 이유는 그들이 여전히 "고질적인 편견들"에 사로잡혀 있기 때문입니다. 루소로 말하자면 그는 유일하게 다음과 같은 것을 행하는 유일한 인물인데요. 즉 루소는 그 너머로 나아가기를, 그 한계에까지 나아가기를 결심했고, 마땅히 "그 뿌리까지 파고들어가" "고질적인 편견들"의 수준을 넘어서야 했습니다. 이 뿌리란, 사실상 철학자들, 모든 철학자들이 도달할 수 없었거나 도달할 줄 몰랐던 수준 내지 종착점이며, 그래서 그들 가운데 어느 누구도 자연 상태에 이르지 못한 것입니다. 어쨌든 이러한 언급은 상당히 경

---

7) *Ibid.*, p. 132. [같은 책, 50쪽.]

악스러운 것인데요. 그러니까 첫 번째 모순은 이렇습니다. 자연 상태로까지 거슬러 올라가야 함을 모든 이들이 감지했지만 아무도 거기에 다다르지 못했다.

이러한 모순이 의미하는 바는 무엇일까요? 그러한 언급은 무엇을 의미할까요? 이 모순의 지위는 무엇일까요? 모순은 어디에 존재하는 것일까요? 모순은 어떻게 사고될 수 있을까요? 우연적인 모순인가요, 아니면 필연적인 모순인가요? 그러한 모순의 언급이 우리에게 가리키는 바는 무엇일까요? 이러한 문제들에 답하기 위해서는 루소가 제공하는 예시들을 검토해야 합니다. 즉 여전히 "고질적인 편견들"에 사로잡혀 있다고 하는, 그리고 자연 상태로까지 거슬러 올라가야 할 필요성을 느꼈지만 거기에 전혀 다다르지 못한 그의 선학들에 대한 루소의 생각을 검토해야 합니다.

따라서 우리는 자연권 철학자들의 사례를 검토해야 할 것입니다. 결론적으로 우리는 루소가 그들의 이론이 지닌 원환이라고 고발하는 것을 검토하지 않을 수 없을 것입니다. 그래서 첫 번째 요점은 그 이론가들의 원환입니다. 그 이론가들이란 모든 자연권 철학자들, 특히 홉스와 로크입니다.

루소가 보기에 그 철학자들은 자연 상태에 도달하지 못했습니다. 그들은 여전히 오류 속에 머물게 됩니다. 왜일까요? 그들이 하나의 원환에 연루되었기 때문입니다. 그 원환은 어떤 것입니까? 제가 방금 인용한 구절들, 곧 자연 상태로 거슬러 올라갈 필요성을 절감했지만 거기에 다다르지 못한 철학자들에 관한 구절들 바로 다음 대목에서 루소는 그들의 오류를 지적합니다. 그들의 오류는 그들이 계속해서 쟁점이었던 것을 제시한다는 점입니다. 예를 들어 여길 인용해 보겠습니다. "어떤 이들은 자연 상태에 있는 인간에게 조금의 망설임도 없이 옳고 그름의 통념을 부여했다." 이는 사실 로크의 경우입니다. "그러한 통념을 가질 수밖에 없었던 이유를 지적할 생각도 않고 말이다. 심지어 그러한 통념이 자연 상태의 인간에게 유용할 것이라는 점 또한 제시하지 않는다."[8] 마저 읽어 보겠습니다. "다른 이들은 사전에 부여된 [애초부터 부여된, 즉 자연 상태 때부터 부여된 것이죠.] 약자에 대한 강자의 권위가 곧장 통치를 탄생시켰다고 말했다. ['곧장'라는 말도 '자연 상태 때부터'라는 말입니다.] 권위나 통치라는 말의 의미가 인간들 사이에 존재하기 전에 경과했던 시간을 생각지도 않고 말이다."[9] 십중팔구 여기서는 그로티우스를 가리킨 것일 테죠. 결론적으로, 그리고 이는 일반화될 수 있는 건데요. 모든 이론가들은 자연 상태에 있는 인간들에게 다른 조건들, 곧 자연 상태를 지나 아주 오랜 후에 시민적 상태에서나 생겨날 수 있는 속성, 의미, 의미 작용 등을 가정했던 것, 다시 말해 전제했던 것입니다. 이러한 가정, 이러한 전제의 의미를 분명히 할 필요가 있는데요. 여기서 바로 홉스의 예를 보겠습니다. 루소는 다음과 같이 말합니다. "홉스는 자연권에 관한 모든 근대적 정의들[달리 말해 도덕적 정의들. 루소가 염두에 두고 있는 것이 바로 이것입니다]이 지닌 결함을 아주 정확히 간파했지만 홉스가 자신의 정의로부터 이끌어 낸 결

---

8) *Ibid.*, p. 132. [같은 책, 50쪽.]
9) *Ibid.*. [같은 책, 51쪽.]

론들을 보면 그의 정의 역시 잘못된 의미를 담고 있음이 드러난다. 그는 야생인이 갖고 있는 자기 보존의 노력 속에 사회의 산물인 수많은 정념들을 만족시키려는 욕구를 포함시켜 버렸다."[10] 즉 홉스는 사회적 삶의 역사에서 나온 결과라 할 만한 것을 자연 상태에 부여했다는 것입니다. 다른 예, 그러니까 『인간 불평등 기원론』의 주석 L*에 나오는, 홉스의 맥락과 동일한 맥락에서 취급되고 있는 로크의 예가 있습니다. 루소는 그 둘을 동일선상에서 취급하고 있는 셈입니다. 루소는 이렇게 말합니다. "로크의 추론은 논파되는 셈이며, 이 철학자의 모든 변증법dialectique은 홉스와 여타의 철학자들이 범한 과오로부터 스스로를 지키지 못한 것이다. 이들은 자연 상태에 속하는 사실을 설명해야 했는데, 사회에 걸쳐 있는 장구한 세월을 뛰어넘어 이동할 생각을 못 했던 것이다."[11] 다시 말해서 그들은 여전히 현재의 사회에 머물러 있었다는 것인데요. 여기 그 모든 논거들을 요약하는 논거, 달리 말해 그러한 과정procès을 두 가지 의미, 곧 이론가들의 사고의 과정processus과 그에 대해 루소가 행한 소송procès으로 요약하는 논거가 있습니다. 바로 이 구절입니다. "그들 모두는 자신들이 사회에서 습득한 관념들을 자연 상태에 옮겨 놓고 말았다. 그들은 야생의 인간에 대해 말하면서 시민적 인간을 빚어내고 있었던 셈이다."[12]

---

10) *Ibid.*, p. 153. (알튀세르는 텍스트를 다소 수정·축약하고 있다.) [같은 책, 79~80쪽.]

* 아래 각주에 나오듯 플레야드판 루소 전집으로는 주석 12이다. 김중현 옮김, 『인간 불평등 기원론』, 165~171쪽.―옮긴이

11) *Ibid.*, note XII, p. 218. [같은 책, 171쪽.]

12) *Ibid.*, p. 132. [같은 책, 51쪽.]

철학자들이 가진 자연 상태에 대한 그릇된 생각의 본질은 결국 하나의 가정 속에 있는 것입니다. 그 자체로 하나의 전제인 가정인데요. 즉 역사 이전에 존재했다고 추정되는 자연 상태 및 자연인에 시민적 상태(시민적 인간, 즉 사회와 역사에 의해 형성된 인간의 현재 상태)를 이식하고 투사하는 가정입니다. 따라서 자연 상태에 대한 호소는 자연권 이론가들에게서 기능하는 바대로 하나의 원환으로 나타납니다. 그 규정들을 볼 때 하나의 원환인 것인데요. 왜냐하면 시민적 상태의 규정들 속에서 자연 상태를 사고하기 때문이지요. 또 사회에서만 의미를 지니는 규정들, 시민적 상태의 인간만이 가질 수 있는 규정들, 정념들, 속성들, 능력들(예컨대 이성, 자애심 등)을 자연 상태의 인간에게 부여하기 때문입니다. 자연권 이론가들이 가진 이러한 원환은 사고 형식의 관점에서 하나의 원환/순환입니다. 결과를 보다 잘 유발하기 위해서 결과, 즉 사회 상태 내지 시민적 상태를 기원에다 투사하니까 그렇습니다. 확실히 여기서 결과는 그 기원의 형식하에 이미 투사되고 이미 전제되고 있는데 말이지요. 이처럼 결과는 기원의 형식하에서 너무나도 쉽게 자기 원인, 자기 정당성이 됩니다. 우리가 당면한 것은 하나의 반복에 다름 아니기 때문입니다. 결과는 두 가지 형식하에 존재하고 있습니다. 즉 결과는 시민사회 안에서 결과의 형식으로 존재하고, 동일한 결과의 형식으로 존재하긴 합니다만 자연 상태에서도 존재합니다. 이러한 위치 전환transposition이 갖는 목표·기능·효과는 아주 단순하게도 사회 상태에서 실재하는 것에 정당성을 부여하는 것입니다. 그 결과들을 자연 상태, 기원의 상태로 전이시킴으로써 그렇게 하는 것이지요. 우리는 더할 나위 없이 명쾌하게 다음과 같이 말할 수 있을 텐데요. 루소도 이처럼 말한 적이 있죠. 말하자면 기원에 대한 호소는 용어가 지닌 모든 외연 속에서, 존재하는 것을 정당화하는 위장 형식일 뿐입니다. 뿐만 아니라 이렇게도 말할 수 있을 텐데요. 용어가 지닌 반동적인 의미에서, 하지만 가장 일반적인 의미에서 기원에 대한 호소는 달성된 사실에 속하는 현존 사회 상태든 우리가 염원하는 사회 상태든 상관없이 이미 존재하고 있는 것을 정당화하는 위장 형식이라고 말입니다. 달리 말해서 여기서 루소는 달성된 사실, 곧 지배 질서의 정당화에 대한 비판뿐 아니라 그것이 염원하고 있는 미래 사회를 정당화하려고 하는 유토피아주의에 대한 비판도 취하고 있는 것입니다. 기원에다 그 미래 사회를 투사하고 기원 속에 그 미래 사회를 정초하는 것이 바로 유토피아주의인 것입니다. 루소가 쓴 것을 옮겨 보면 이렇습니다. "사람들은 공통의 효용이라는 측면에서 서로가 합의하면 좋을 법한 규칙들을 탐색하는 일부터 시작한다. 그러고는 그 규칙들의 모음에 자연법이라는 칭호를 부여한다."[13] 그리고 자연스럽게도 그 자연법을 자연 상태에 투사하고, 기원에다가는 자연법의 기초들이 될 만한 것을 투사하는 것이지요. 다른 예를 들어보겠습니다. 『사회계약론』1부와 2부에서 표적이 되는, 달성된 사실의 수호자라 할 만한 그로티우스의 예입니다. 그는 시민적 삶에서 인간들이 왕에 복종토록 하기 위해 자연 상태에 주권과 복종이 필요하다는 점을 투사하게 됩니다. 자연 상태에서 주인과 노예의 관계를 창조해 내는 셈이지요. 이 주인과 노예의 관계는 시민적 상태에서 전위되어 절대왕정이라는 달성

---

13) *Ibid.*, p. 125. [같은 책, 43쪽.]

된 사실을 정당화하게 됩니다.

　　루소의 테제가 갖는 정치적·논쟁적 쓰임새들에 대해서는 잠시 제쳐 두도록 하겠습니다. 그 쓰임새들이란 절대왕정 이론가들의 정치적 선택지들을 문제 삼는 것인데요. 그러니까 홉스 같은 그 독재 정치의 국면이든 로크 같은 자유주의적 국면이든 전부 해당되는 것이지요. 좀더 일반적으로 말하자면 루소의 테제들은 계몽주의 철학에 담긴 관념론을 문제 삼는 것입니다. 결국 계몽주의 철학이라는 게 무엇입니까? 루소가 철학자 일반에 대해 얘기할 때는 계몽주의 철학과 관련된 것입니다. 디드로를 얘기할 때도 마찬가지고요. 역사의 종말/목적fin, 즉 이성을 기원에 투사하는 것이 아니라면 도대체 무엇이 계몽주의 철학이겠습니까? 하지만 이러한 논쟁의 표적들을 떠나 우리에게 중요한 것은 바로 기원에의 호소에 대해 루소가 가한 비판의 이론적 의의인 것입니다.

　　먼저, 공공연하게 기원 속에서 사고하는 철학자는 기원을 그 개념 속에서 사고하는 과업에 직면하게 된다는 점입니다. 결국 이는 그 기원을 우리가 이제부터 **가짜** 기원이라고 부를 만한 것으로 드러내는 셈입니다. 하지만 그럼으로써 루소는 정확히 기원 개념에 대한 비판을 제시하는 것인데요. 기원에의 호소는 그것의 공공연한 기능과 함께 모순으로 빠져드는 순환적이고 사변적인 조작으로 드러납니다. 철학자들이 자연 상태, 기원의 상태에 호소할 필요성을 느끼고 (진리를 그 시초에서 숨김없이 포착할 수 있게 만드는) 진정한 기원에 도달했노라고 우길 필요성을 느끼는 것은 아주 당연한 것이었습니다만, 결국 그들은 진정한 자연 상태, 진정한 기원에 다다르지 못하고 가짜 기원에 도달했을 뿐입니다. 이 가짜 기원, 이론가들·철학자들의 기원은 하나의 속임수인데요. 왜냐하면 결과 자체를 기원으로 옮겨 놓은 것일 뿐이기 때문입니다. 하지만 이러한 이전은 그 효과에서 무가치하고 하찮은 일종의 철학적 찌꺼기만 남기게 되는 단순한 실수가 결코 아닙니다. 정반대로 이 이전이 갖는 현실성, 따라서 가짜 기원의 현실성(루소는 이에 대한 이론을 개관하는 것이죠)은 바로 그것의 기능, 곧 현재 군림하고 있는 질서의 정당화, 또는 앞으로 군림하기를 갈망한다는 질서의 정당화, 다시 말해 왕의 정당화인 것입니다. 한데 이게 전부가 아닙니다. 가짜 기원에 대한, 그리고 그것의 구조와 기능에 대한 이러한 규탄 속에서 우리는 실로 우리가 생각하는 기원의 뜻과는 전혀 다른 어떤 것을 맞닥뜨리게 됩니다. 순수하게 이론적인 어떤 발생이라든지 본질에 대한 순수한 분석이라든지 하는 것과는 거리가 멀다는 말입니다. 또 그것은 하나의 역사적 발생이라는 것과도 전혀 관계가 없는 것입니다. 오히려 우리는 기원에의 호소가 갖는 정치적·이론적 기능이 바로 그 기원을 실제 역사, 역사적 현재, 우리의 현재 상태와 관련짓고 있음을 발견하게 됩니다. 거기서 이론가들은 현재에 달라붙어 있는, 따라서 역사를 그저 관통해 버린다는 의미에서 비역사적인 하나의 기원을 연출하는 셈입니다. 이제 이러한 근본적인 논박을 뒤로 하면 무언가가 윤곽을 드러내게 되는데요. 그것은 이제부터 루소가 필연적으로 고려하게 되고 필연적으로 진지하게 고려할 수밖에 없는 어떤 것이고, 잠정적으로 역사라고 부를 수밖에 없는 어떤 것입니다. 어쨌거나 우리는 루소를 읽으면서 이론가들의 원환에 머물지 않게 됩니다. 우리는 그 대상을 지양해서 이 대상을 설명하는 다른 또 하나의 대상을 다루게 됩니다. 이것이 우리의 고찰에서 두 번째 계기를 이루는 것입니다.

우리는 이론가들의 원환/순환의 근거를 밝혀 보고자 합니다. 탈자연화의 원환이나 소외/양도의 원환에서 이론가들의 원환/순환은 어떤 주관적 착오가 아닙니다. 그것은 객관적 합리성을 지니고 있습니다. 가짜 기원 속에서 사고한다는 것은 결국 정치적으로 갈망하거나 실존하고 있는 것을 사고함의 정당화일 뿐이지만, 루소는 단지 정치적 심리주의에 불과한 것에서 멈추지 않습니다. 루소는 다음과 같은 물음을 제기하고 또 제기하게 됩니다. 아니, 제기하지 않을 수 없습니다. 왜 원환은 이론가들의 성찰에서 불가피한 형식이 되는가? 왜 이론가들은 가짜 기원이라는 규탄을 받게 되는가?

루소의 대답은 이렇습니다. '이론가들은 다른 또 하나의 원환, 이론적이지 않고 실제적인 하나의 보편적 원환에 종속돼 있다.' 그러니까 이론가들 자체가 도망칠 수 없을 정도로 하나의 보편적 원환에 사로잡혀 붙들려 있다는 말인데요. 그 원환이 바로 현재 사회이자 탈자연화된 사회, 곧 소외된 사회라는 원환입니다. 요컨대 이 원환은 현재 사회의 본질 자체입니다. 그 원환으로부터 탈출할 능력이 없어 사고 속에서 그 원환을 반복하는 이론가들의 무능에는 그러한 본질이 반영됩니다. 사회가 그들을 둘러싸는 원환을 그린 셈이지요. 달리 말해서 루소가 일종의 정치 심리학적 주관주의에 굴복한 것처럼 보이는 바로 그 순간에 그는 그로부터 벗어나고 있습니다. 이론가들의 원환은 그들의 정치적 의지에 속한 것이 아니라 바로 그들의 정치적 의식을 떠받치는 지반 자체에, 그리고 어떤 특출난 원환의 현실화 및 반복에 다름 아닌 그들의 이론적 의식에 속해 있는 것입니다. 정치와 그 정치의 정당화를 동시에 지배하고 있는 그 원환은 바로 사회의 탈자연화라는 원환, 인간의 사회적 소외라는 원환, 현재 사회라는 원환입니다. 결국, 왜 이론가들은 자연 상태로 거슬러 올라갈 수 없었을까요? 그 근본적인 이유는 그것을 잃어버렸기 때문입니다. 자연을 잃어버렸다는 얘기죠. 이제 우리는 거의 이렇게 말할 수 있을 것 같습니다. **자연은 더 이상 존재하지 않는다.** (제가 '거의'라고 말했는데요. 그 이유는 나중에 알게 될 것입니다.) 그러니까 이론가들의 오류는 이 마지막 조건과 관련된 것으로, 이제 그 오류는 전前칸트적인 초월론적 오류처럼 되는 것입니다. 말하자면 인간의 조건상 불가피한 오류라는 것이죠. 루소는 이를 놓치지 않고 텍스트에 담아내고 있습니다. 루소는 "인간이 갖고 있는 현재의 본성에서 무엇이 근원적인 것이고 무엇이 인위적인 것인지를 가려내는 일이 왜 간단한 시도가 아닌지" 묻고 있습니다.[14] "시간과 사태들이 거듭되면서 인간의 근원적 구성에 초래된 모든 변화들 한복판에서 어떻게 자연이 만들어 낸 그대로의 인간을 알아볼 수 있겠는가? 또 인간 자신의 심층에 속하는 것과, 상황이나 그 상황의 진전이 인간의 시초 상태에 가하거나 변화시킨 것을 어떻게 가려낼 수 있겠는가?"[15] "디오게네스가 인간을 전혀 발견해 내지 못한 이유는 더 이상 존재하지 않을 시대에 속한 인간을 찾았기 때문이 아니겠는가?"[16] 이 모든 질문들이 루소에게서 반복되는 이유는 무엇일까요? 루소가 거기

---

14) *Ibid.*, p. 123. [같은 책, 41쪽.]
15) *Ibid.*, p. 122. [같은 책, 39쪽.]
16) *Ibid.*, p. 192. [같은 책, 130쪽.]

에 썼듯이 "인간을 자연 상태에서 시민적 상태로 이르게 하는 길들을 잊어버리고 잃어버렸기" 때문이 아닐까요? 루소가 (『인간 불평등 기원론』에서 줄곧) 말하듯이 "인간이 자연/본성을 변화시켰기" 때문이 아닐까요? 또 루소가 (『인간 불평등 기원론』에서 줄곧) 말하듯이 "기원적 인간이 자취를 감추었기" 때문이 아닐까요? 마지막으로, 「전쟁 상태」라 불리는 단편에서 루소가 말하듯이(본Vaughan이 펴낸 루소 선집 1권 296쪽) "도처에서 자연이 사라졌기" 때문에,[17] 또는 (『인간 불평등 기원론』의 표현대로) 이성이 "자연을 질식시켜 버렸기" 때문이 아닐까요?[18] 잃어버린 자연, 질식당한 자연, 사라져 버린 자연이라는 이러한 테마와 관련해서는 『인간 불평등 기원론』 도입부에 나오는 가장 극적으로 묘사된 대목이자 이론적인 관점에서도 가장 정확한 대목을 가져오는 것으로 만족해야 합니다. 글라우코스Glaucos 상이 그려지는 대목이죠. "세월과 바다와 비바람으로 말미암아 너무나 흉해져서 신이라기보다는 오히려 맹수처럼 변해 버린 글라우코스의 석상처럼, 인간의 영혼은 사회 속에서 끊임없이 재발하는 수많은 원인에 의해, 숱한 지식과 오류의 획득에 의해, 그리고 신체 구조에 생긴 여러 가지 변화와 정념에 의한 계속적인 충격으로 인해 말하자면 거의 오인 가능할 정도로 그 외양을 바꾸었다."[19]

---

17) C. E. Vaughan, *The Political Writings of Jean-Jacques Rousseau*, Cambridge University Press, 1915. [김용구 옮김, 「전쟁상태론」, 『장 자크 루소와 국제정치: 영구평화를 위한 외로운 산책자의 꿈』, 원, 2004, 105쪽.]

18) *Discours sur l'origine de l'inégalité*, préface, p. 126. [김중현 옮김, 『인간 불평등 기원론』, 44쪽.]

19) *Ibid.*, p. 122. [같은 책, 39~40쪽.]

자연에게는 마지막 기회가 하나 남아 있습니다. 왜 그런지 얘기해 보겠습니다. 뿐만 아니라 우리가 인용한 텍스트가 시사하는 바에 따라 자연의 상실과 망각의 원인을 파악할 수 있어야 하는데요. 자연을 잃어버리고 잊어버린 이유가 무엇입니까? 왜 더 이상 자연이 존재하지 않는 걸까요? 이러한 상실과 망각은 공백과 무의 이름으로 부과되는 것이 아닙니다. 자연을 잃어버렸다면 그것은 우리가 자연을 더 이상 찾을 수 없고 자기 자신의 본성을 더 이상 찾을 수 없기 때문입니다. 자연을 잊어버렸다면 그것은 우리가 자연을 더 이상 떠올릴 수 없고 자기 자신의 본성을 더 이상 떠올릴 수 없기 때문입니다. 실로 자연은 현존하고 있지만 그 상실과 망각 속에서만, 그 상실의 형식, 망각의 형식 속에서만 현존하고 있다는 얘기입니다. 이러한 상실과 망각의 형식은 바로 은폐인데요. 자연은 자연이 겪은 모든 변양들의 역사를 통해서, 그 역사의 모든 효과들을 통해서 은폐되는 것입니다. 루소의 용어를 써서 표현하자면, 자연은 그것이 진행한 전 역사를 통해 "왜곡" défigurée됩니다. 또 루소의 열쇳말을 쓰자면, 자연은 그 자신의 본성 상실의 전 역사를 통해 "탈자연화되는" 것입니다. 우리에게 더 친숙한 용어로 옮겨 보자면, '자연은 소외/외화된다', '자연/본성은 자기와 다른 것으로만, 즉 자신의 대립물인 사회적 정념들 및 그러한 사회적 정념들에 종속되는 이성 자체로만 존재한다'라고 말할 수 있겠습니다. 요컨대 자연은 자신의 실제 역사 속에서 소외되며, 현세 위에 군림하는 것은, 또 그 잃어버린 기원을 찾으려고 하는 이론가들 위에 군림하는 것은 바로 그러한 소외의 결과인 것입니다.

사회적 소외의 원환에 이어 나오는 세 번째 지점은 인간 과학의 원환입니다. 우리가 방금 전까지 이론가들에 대해 말해 온 것은 우연이 아닙니다. 우리가 자연권 이론가들의 오류에 대해, 일반적으로는 인간에 대한 지식을 보증하는 과학에 대해 논한다는 것은 바로 이 인간 과학들의 원환을 바탕으로 하는 것입니다. 루소는 "과학/학문들"이란 말로 이를 다루고 있습니다. 수학 같은 게 문제되지는 않겠죠. 여기서 문제되는 것은 무엇보다도 인간을 인식할 수 있고 또 인식할 수 있어야 하는 과학입니다. 과학은 소외의 원환으로부터 벗어나게 할 수 있을까요? 실상 인간 과학은 소외의 원환에 갇혀 있는 것일 뿐만 아니라, 이를테면 그 소외의 상위의 형식이자 간지입니다. 그러니까 원환에서 빠져나온다고 생각하게 만든다는 것입니다. 루소는 다음과 같이 말합니다. "인간 종의 모든 진보가 인간을 끊임없이 그 시초 상태로부터 멀어지게 하기 때문에 우리가 새로운 지식을 축적할수록 그 모든 지식 가운데 가장 중요한 지식을 획득하는 수단을 스스로에게서 앗아가는 꼴이 된다는 점이다. 어떤 의미에서는 인간을 너무 연구했기 때문에 인간을 인식할 수 없는 상태가 됐다는 말이다."[20] 왜 인식 불능의 상태가 된 것입니까? 루소의 말에 따르면, 과학적 저술들은 우리가 기원적 인간을 인식하도록 만들기는커녕 "있는 그대로의" 인간들만을, 즉 결과만을 보는 법을 가르치기 때문입니다. 하지만 이러한 이유 자체는 하나의 효과에 불과합니다. 탈자연화되는 것은 과학의 현재적 관심 대상, 즉 있는 그대로의 인간들만이 아닙니다. 과학을 탈자연화시키는 것은 단지 과학의 현재적 관심 대상만이 아니라 과학의 본성 자

---

20) *Ibid.*, pp. 122~123. [같은 책, 40쪽.]

체, 즉 이성의 행사에 따른 산물이라는 과학의 본성인 것입니다. 그러니까 과학이 탈자연화될 수밖에 없는 이유는 과학 안에서 작동 중인 이성 때문이라는 얘기입니다. 철학자들과는 다르게 루소는 이성을 자연 상태에 투사하지 않습니다. 이성은 타고난 능력이 아니라는 것이죠. 루소는 자연적 개인에게서 이성을 전제하지 않습니다. 반대로 그는 이성이 인간 역사의 산물임을, 인간 역사의 흐름 가운데서 나타난 것임을, 또 이성의 발전이란 이성을 좌우하는 사회적 정념들의 발전에 유기적으로 연관돼 있음을 보여 줍니다. 그 결과, 이성은 결코 순수한 것이 아니게 됩니다. 인간 이성의 성숙은 인간의 탈자연화와 동시대적입니다. 따라서 이제 인간에 대한 과학은 은폐 속에, 망각 속에, 탈자연화 속에 갇힌 것이 되고, 탈자연화의 발생에 귀속됩니다. 인간에 대한 과학 일체는 정의상 기원을 망각합니다. 왜냐하면 과학은 루소가 모든 반성에 앞서는 "순수 운동"이라 부른 것을 잃어버렸기 때문입니다. 뿐만 아니라 과학은 이성의 작품이기에, 그 자체로 그 순수 운동의 상실에서 탄생하기에 그 순수 운동을 잃어버린 상태일 수밖에 없습니다. 결국 어떤 의미에서 과학은 완전한 망각인데요. 왜냐하면 과학은 그 탄생부터 자신을 구성한 망각에 갇혀 있기 때문입니다. 과학은 망각의 구성 과정, 탈자연화의 구성 과정 중에 있는 어떤 계기에서만 탄생하는 것입니다. 그러니까 과학은 그 대상만이 아니라 그 자체로 탈자연화에 기입된다는 그 본질에 의해서도 소외의 원환에, 달리 말해서 잃어버린 기원에 귀속하는 것입니다.

그런데 여기서 우리는 우리의 출발점으로 되돌아오게 됩니다. 이론가들이 가짜 기원에 호소하는 이유는 단지 그들의 순수한 정치적 주체성의 효과 때문이 아닙니다. 그들은 자신들의 원환 속에서 자신들의 정치적 선택을 드러내는 이론적 논거라는 형식으로 과학의 원환을, 또 보다 일반적으로는 최종심에서 사회의 인간들이 소외됨을 나타내는 원환인 이성의 원환을 재생산할 뿐입니다. 여기서 우리가 확인하게 되는 것은 이론가들의 논증, 근거, 개념들이 기원에 결과를 투사하는 철학적 원환 속에서 원을 그리며 회전한다는 것입니다. 그런데 이론가들이 이론에서 원을 그리며 회전할 수 있는 것은 단지 그들이 탈자연화·소외의 원환에서 원을 그리며 회전하기 때문입니다. 어째서 이론가들은 거기서 원을 그리며 회전하게 되는 걸까요? 왜냐하면 기원을 향한 그들의 탐색이 공허한 것이기 때문에, 그 기원은 잃어버린 것이기 때문에, 인간 세계 자체가 그 결과인 일반화된 소외 및 탈자연화에서 갇혀 있기 때문에, 또 이론가들이 그 객관적 결과의 원환에서 벗어날 수 없기 때문에 그런 것입니다. 그 증거는 그들이 기원을 찾아냈다고 생각했지만 결국 그것의 결과만을 다시 붙들었을 뿐이었다는 데서 나옵니다. 두 가지 이유에서 그런 것인데요. 첫째는 자연에는 원환이 부재하다는 점입니다. 그리고 둘째는 이성은 원환에 귀속되는 것이기에 그로부터 벗어날 수 없다는 점입니다. 무리가 없다면 이렇게 말할 수 있을 것 같은데요. 여기서 주목해야 할 것은 정지의 시간이라고 말입니다.

잘못된 기원의 원환, 그리고 우리가 분석을 통해 밝혀낸 것으로서 인간 이성의 원환, 또한 최종 심급에서 인간 역사의 소외 및 탈자연화의 원환 등등에 관한 이러한 이론에 대해서 두 가지 해석이 가능하다고 보는데요. 저는 이 두 가지 해석을 몇 마디 말로 도식적으로 나타내려고 합니다.

칸트적인 것이라고 받아들일 수 있는 첫 번째 해석에서는 우리가 방금 언급한 것들 중에서 두 가지 항에 주목하게 됩니다. 첫째는 기원에의 호소의 원환이고, 둘째는 이성의 원환입니다. 그래서 역사적 소외의 원환은 무시하는 셈인데요. 이러한 조건에서 우리는 이제 다음과 같이 말할 수 있을 것입니다. 즉 기원의 원환에서 표면화되는 것은 바로 이성의 원환이며, 따라서 루소에게는 초월론적 오류론의 선취 같은 것이 존재한다고 말입니다. 그 이론을 초월론적이라고 지칭할 수 있는 까닭은 그 이성의 오류가 필연적 오류이기 때문에, 즉 자기 자신의 한계를 뛰어넘는 것을 바라는 이성의 필연적 오류이기 때문입니다. 또한 그 이론을 초월론적이라고 지칭할 수 있는 까닭은 그 오류의 내용과 형식이 기원에의 호소라는 오류추리에 고정될 수 있기 때문입니다. 달리 말해서 기원에의 호소가 하나의 오류추리로서, 그 자체의 기원으로 여겨지는 하나의 결과로서, 즉 하나의 무제약자의 오류추리로서 간주될 수 있기 때문입니다. 결국 칸트적 해석에서는 루소가 초월론적 오류론의 선취를 제시했다는 쪽으로 루소의 논증을 해석할 가능성이 있는 것입니다. 하지만 제가 지적한 바대로 이러한 해석이 옹호되기 위해서는 또 다른 항, 곧 세 번째 항인 인간 역사의 소외를 무시해야만 하는 것입니다.

우리가 이제 그 세 번째 항을 재도입하게 된다면 우리는 세 가지 항을 가지게 됩니다. 즉 '기원에의 호소'를 가지게 되고, '이성의 원환'을 가지게 되며, '소외의 원환'을 가지게 되는 것입니다. 이제 이 세 가지 항들을 진지하게 받아들인다면 우리는 또 다른 해석을 옹호할 수 있게 됩니다. 루소가 우리에게 두 가지를 제시한다고 주장하는 해석인데요. 그 두 가지 중 첫째는 바로 인간적·정치적 세계에 대한 인간 과학의 정치적 규정성 —— 또는 인간 과학의 정치적 의존성 —— 에 관한 일반 이론입니다. 과학은 인간적·정치적 세계에 의해서 규정되며, 인간 과학의 그 정치적 의존은 매우 명확한 형식을 취한다는 것입니다. 즉 오늘날 존재하고 있는 인간적·정치적 세계는 인간 과학의 대상이라는 형식으로 인간 과학에 자기 자신의 목표를 반영시킵니다. 달리 말해서 인간 과학은 자신을 규정하는 세계가 갖고 있는 정치적 목표를 자신의 대상이라는 형식으로 반영합니다. 인간 과학이 탈자연화 및 소외라는 그러한 인간 세계를 통해서 규정됨으로써, 인간 과학은 그 자체로 대상이라는 형식으로 반영된 그 인간 세계의 목표만을 대상으로 갖는다는 것입니다.

이 첫 번째 이론이 루소가 그 세 가지 항의 개념적 총체로서 우리에게 제공한 것이라는 얘기입니다. 루소가 우리에게 제공한 이론은 또 있는데요. 루소가 또한 **철학적 기만의 일반 이론**이라는 것을 동시에 제공했다는 것입니다. 이 철학의 일반 이론은 철학의 개입이란 것이 기성 질서나 사회 개혁가들이 품은 정치적 기도에 대해 이론적 타당성이 있는 것처럼 자격을 부여하는 데 있을 뿐이라고 말합니다. 이 타당성은 필연적으로 미망 속에 있는 것이지만 사회적으로 필요한 것입니다. 그러니까 철학은 기원을 통한 사고, 기원에서 기능하는 사고에 대해 사회적으로 필요한 기만으로 개입하면서 기성 질서나 사회 개혁의 시도에 대해 미망 속에 있으면서도 사회적으로 필요한 타당성의 자격들을 제시한다는 것입니다. 여기까지가 두 번째 해석에 대한 얘기였습니다. 이렇게 짧게 정식화될 수 있을 정도니까 상당히 일관성 있는 해석처럼 보입니다.

그러나 분명한 것은 이러한 가설이 어떤 일관성을 갖기 위해서는, 자신이 말한 그러한 사회적 의존성에 사로잡혀 있는 개인으로서의 루소 자신은 어떻게 그 의존성에 관한 담론을 펼칠 수 있는가라는 물음을 무시할 수밖에 없다는 점입니다. 가능한 모든 담론들의 지위에 관한 일반 이론은 루소 담론의 지위와 어떻게 관계하는 것일까요? 어떻게 루소는 그러한 담론을 펼칠 수 있나요? 그 자신이 기원에 접근할 수 있기 때문이 아닐까요? 더불어 이 두 번째 해석이 성립하려면 다음과 같은 물음도 어쩔 수 없이 무시해야 합니다. 진짜 기원에 대한 인식은 어떻게 그 철학적 기만에서 빠져나올 수 있는가? 달리 말해서 우리는 동일한 물음을 거듭 던지고 있는 셈입니다. 어떻게 루소는 원환들 ―― 곧 첫째로는 사회 및 사회에 의한 과학 일체의 규정의 원환, 둘째로는 기원에의 호소, 즉 철학적 이성의 원환 ―― 에서 빠져나올 수 있는가? 루소는 어떻게 이 두 가지 원환들에서 빠져나올 수 있을까요? 사실상 루소가 거기서 빠져나오는 것은 그가 그에 대해서 말하기 때문이라고 볼 수 있습니다. 무슨 권리로 그는 그에 대해서 말할 수 있는 걸까요? 그가 거기서 빠져나왔기 때문이 아니겠습니까? 만약 루소가 그로부터 빠져나왔다면, 거기서 빠져나오는 것이 불가능하다는 이론은 어떻게 내놓을 수가 있는 걸까요?

다시 말해서 우리는 이제 네 번째 지점, 곧 **루소의 원환**이라고 할 수밖에 없는 것과 마주한 것입니다. 자, 그러니까 우리가 방금 전에 잠시 머물렀던 그러한 헛도는 궤도의 상황에서 벗어나기 위해 필요한 일은 우리가 얻은 결과들을 정확하게 환기하는 일입니다. 달리 말해 우리의 물음에 대해 명확한 형식을 부여해야 한다는 말입니다. 그러니까 루소의 입장은 무엇인가? 기원을 통한 사고에 대해 그렇게 근본적인 고발을 한 이후에 루소의 입장은 무엇일 수 있는가? 명확한 방식으로 환기한 문제의 표현은 다음과 같습니다.

첫째로, 이론가들이 잘 이해하고 있었던 것처럼 기원으로 거슬러 올라가는 것은 필수불가결한 일입니다. 루소도 기원 속에서 사고합니다. 기원에 대해 의심한다는 것은 생각할 수 없는 일이죠. 둘째로, 가짜 기원을 근본적으로 거부해야 합니다. 가짜 기원은 이론가들이 넘어설 수 없었던 것이었습니다. 그것을 넘어설 수 없게 하는 어떤 필연성에 의해 이론가들이 꼼짝달싹하지 못했던 것이었죠. 또 낡은 원환, 즉 탈자연화 및 인간 소외의 원환이라는 인간 사회와 인간 이성을 동시에 감쌌던 원환 속에 이론가들이 묶이도록 만든 그러한 기원이었습니다. 따라서 셋째로, 기원으로 거슬러 올라가야 한다면, 가짜 기원을 근본적으로 거부해야 한다면, 진짜라고 할 만한 전혀 다른 기원을 사고해야만 하는 것입니다. 또 철학적 이성의 덫을 피해 전혀 다른 수단을 가지고 기원에 접근해야만 하는 것입니다. (왜냐하면 우리가 확인했듯이 가짜 기원과, 철학자들이 기원을 사고하기 위해 사용한 이론적 수단 간에는 본질적인 공모 관계가 있기 때문입니다.) 결국 전혀 다른 기원을 사고하고 전혀 다른 수단으로 접근해야 한다는 것입니다. 전혀 다른 기원이란 달리 말해 자연 상태일 텐데요. 어쨌든 자연 상태로 거슬러 올라가야 하기 때문이죠. 하지만 현재 사회 상태의 투사체라는 내용을 가질 수는 없을 것입니다. 또 기원의 결과를 기원으로 사용하지 않을 것입니다. 그리고 이성과는 전혀 다른 수단으로 접근해야 할 것인데요. 추론하는 이성뿐 아니라 다른 능력이나 역량도 안 되는 것입니다. 우리가 서 있는 이 지점에서 제기되는 문제는 단연 이러한 시도가 가능하기는 한 것인가 하는 문제입니다. 그런데 사실은 루소에게 이 문제는 이미 해결된 상태라는 것입니다. 이론가들이 가진 기원의 원환과 이성 및 인간 사회의 소외를 결부시키는 담론을 펼치기 위해서는, 아주 단순하게 말해서 **탈자연화**라는 그 간단한 말을 적고 발음하고 진술하기 위해서는, 탈자연화에 의존해서 잘못된 기원 이론에 대한 비판을 지휘하는 모든 일반 이론을 쌓아올리기 위해서는 루소 스스로가 이미 자연 및 올바른 기원에 있어야만 하는 것입니다. 그가 이미 자연 속에 존재하는 경우에만 그러한 담론을 펼칠 수 있으리라는 건 아주 명백하다는 것이죠.

그러나 우리로서는 루소가 어떻게 거기에 있을 수 있고, 어떤 경로를 거쳤기에 거기에 이를 수 있는가 하는 점이 중요합니다. 달리 말해서 우리에게 중요한 것은 그의 기록된 이론, 루소의 기록된 이론이 루소가 확정한 상황, 곧 그러한 예외적 상황에 대해 권위를 부여하고, 곧 그러한 해법에 권위를 부여한다는 점입니다. 다시 말해서 루소에게는 해법인 것이 우리에게는 하나의 문제, 그러한 해법을 받아들일 수도 있는 하나의 문제인 것입니다. 제 생각에 그것은 루소의 텍스트에 기록돼 있을 텐데요. 그렇습니다. 바로 탈자연화 이론, 소외 이론이죠. 제가 분명히 말씀드립니다만, "소외"라는 말은 루소의 것이 아닙니다. 제가 채택했을 뿐이죠. "탈자연화"라는 단어만이 루소의 독자적인 표현입니다. 이 탈자연화 이론은 완전하게 꼴을 갖춘 이론은 아닙니다. 거기엔 탈출구가 좀처럼 보이지 않습니다. 아주 가느다란 탈출구만이 있을 뿐인데요. 그럼에도 탈출구들이 있긴 합니다. 글라우코스에 관한 대목을 환기할 수 있을 텐데요. "인간의 영혼은 말하자면 거의 오인 가능할 정도로 그 외양을 바꾸었다." 그런데 이 "거의 오인 가능할 정도", 이 거의 아무것도 아닌 것은 오인 가능에 대한 인정을 충족합니다. 완전히 오인 가능하다는 게 아니라 거의 오인 가능하다는 말이니까요. 이것이 의미하는 바는 몇몇 조건들하에서만, 특히 가짜 기원의 비판이라는 근본적인 선결 조건하에서만 진정한 기원 및 자연인에 대한 인식에 가닿을 수 있다는 말입니다. 이러한 조작은 대상과 주체의 근본적 변양을 가정합니다. 근본적 변양이란 말은 허튼소리가 아닌데요. 그것은 루소가 자연권의 역사에서 전례가 없는, 그의 선학들 및 동시대인들 중에서는 전례가 없는 완전히 새로운 해법들을 제시해야 한다는 것을 의미합니다. 바로 이 점이죠. 루소는 그것을 제시하는 것입니다.

대상에 있어서 루소는 무언가를 생산합니다. 즉 무언가를 쓰고 작성하고 제안하고 사고하고 논합니다. 그는 자연권 철학의 역사에서 전혀 유례가 없는 하나의 개념을 제안합니다. 그 개념은 『인간 불평등 기원론』에서 결정적인 개념이기도 하죠. 제가 지금 그 개념을 말씀드리려고 합니다만 그에 대해 다시 논할 기회가 있을 것입니다. 그 개념은 바로 **순수 자연 상태**입니다. 자연 상태가 아니라 순수 자연 상태죠. 우리는 나중에 이에 대해 다시 말할 기회가 있을 것입니다. 지금은 다만 이 순수 자연 상태가 나타내는 것이 루소가 '그 뿌리로까지', "그 뿌리까지 파고 들어가"라고 말했을 때의 그 뿌리라는 것만으로 충분합니다. 바로 거기까지 나아가야 하는 것이죠. 루소가 도달했던 곳이 거기까지입니다. 다른 이들은 도달할 수 없었던 곳이 또 거기까지인 것이죠. 철학자들이 자연 상태에 호소하고자 했을 때 그들이 다다를 수 없었던 바로 그 지점인 것입니다. 오로지 루소만이 목도하고 파악하고 진술할 줄 알았던 지점이고, 그는 거기에 개념을 부여했던 것입니다. 사실상 그런 것이고, 우리가 얻은 상당한 결론들에 따라서도 판단할 수 있을 텐데요. 이 지점은 모두가 가짜 기원과 진짜 기원 사이에서 결정되도록 하는 지점입니다. 지점 혹은 근본적 경계선이자 뿌리이며, 순수 자연 상태입니다. 여기까지가 대상에 대한 얘기입니다.

　　　주체로서 루소는 사회적 탈자연화 및 이론적 소외에 빠져 있음에도 그 순수 자연 개념에 접근하는 상태에 있어야 하는데요. 이제 우리가 알고 있는 그 개념은 주체에 의해 포착될 수 있어야 합니다. 즉 그 어떤 주체에 의해서라도 말이죠. 그러니까 루소에 의해서도 저에 의해서도 말입니다. 그 개념은 당연히 순수 자연 상태죠. 자, 그럼 주체 속에서 그 새로운 대상의 포착을 가능케 하는 새로운 수단을 밝히 드러내야 합니다. 그것을 생산해 내야 하는 것입니다. 그래서 루소는 주체 속에서 산뜻한 무언가, 새로운 무언가를 생산합니다. 바로 그러한 발견에 걸맞은 능력, 곧 이성이 아닌 **마음**cœur입니다. 순수 자연 상태는 너무나 뻔한 것이지만, 이것에 대해서는 명심해야 합니다. 마음이란 무엇입니까? 마음은 자연을 향한 직접적이고 무매개적인 접근이지만, 실제적으로 우리가 관여하고 있는 문제에서는 추론 이성의 원환에서 나오는 탈출구가 됩니다. 제가 아까 여러분들에게 참고로 보여드렸던 단편들에서 루소가 말하는 것처럼, "사회 상태는 우리가 가진 자연적 성향들을 억제하고 있지만 그것들을 무효화할 수는 없는데, 그러한 성향들은 우리의 편견들을 무릅쓰고, 또 우리 자신의 의사에 반해서 마음 깊숙한 곳에서 여전히 말을 걸고 있는 것"입니다. 우리 마음 깊숙한 곳에서 여전히 말을 걸고 있는 그 무엇. 이는 본Vaughan이 펴낸 선집에 있는 「전쟁 상태」라는 글에서 나오는 표현이었는데요.[21] 어떤 편지 글에서는 이렇게 말합니다. "그러니까 저는 이성을 제쳐 두고 자연에 귀를 기울였습니다. 자연이란 달리 말해서 제가 가진 이성과 별개로 제 믿음을 지도하는 내면의 감정인 것이죠."[22] 주해를 해야 할 매우 중요한 말들입니다. '저는 이성을 제쳐 두고 본성에 귀를 기울였습니다.' 즉, 본성/자연이란 '제가 가진 이성과 별개로 제 믿음을 지도하는 내면의 감정'과 같은 것입니다. 이 편지글 말고 다른 편지에서 루소는 "그 감정은 자연 자체에 속한 감정"이라고 쓰고 있습니다.

이 마음과 관련해서 루소와 마음의 관계 등에 관한 일체의 참고문헌이 있다고 말할 수 있습니다. 여기서 우리의 관심은 그러한 능력, 역량의 이론적 의의가 무엇인지, 또 그것이 어떻게 기능하는지에 있습니다. 그것은 도대체 마음의 양태 위에서 기능하지 않습니다. 실상 마음은 우리가 그에 대한 개념을 제시해 줄 수 있는 극도로 명확한 역량입니다. 달리 말해서 마음은 마음에 의해서 포착되지 않지만 완전하게 사고될 수 있는데요. 왜냐하면 루소의 마음이 지닌 고유성은

---

21) C. E. Vaughan, *The Political Writings of Jean-Jacques Rousseau*. [김용구 옮김, 「전쟁상태론」, 『장 자크 루소와 국제정치: 영구평화를 위한 외로운 산책자의 꿈』, 98쪽.]
22) Lettre à Vernes, 18 février 1758, in *Lettres philosophiques*, Livre de Poche, 2003, p. 175.

바로 **사고하는 마음**이라는 데 있기 때문입니다. 이성을 이끌고, 이성을 인도하는 마음인 것입니다. 우리가 여기서 마음을 개입시킨 방식처럼, 형식적으로 이 마음은, 그러니까 이 마음의 개입은 기원을 통한 사고의 구조에서 벗어나게 하는 것이 아닙니다. 왜냐하면 그것은 자연에 대한 지배적인 철학적 도식을 재생산하기 때문입니다. 곧 그 명증함 속에서 권리 자격의 발현 형식, 본질의 발현 형식인 자연이 바로 그것입니다. 자연이란 곧 가시적인 것이고 수긍할 수 있는 것이며, 등등. 이는 근본적으로 철학적 사고 형식을 변화시키지는 않는데, 왜냐하면 루소의 마음 이론이 근원적 주체성 형식을 재생산하기 때문입니다. 이러한 형식에서 근원적 자연은 명증한 것으로 주어지며, 이러한 자연과 함께 근원적 주체성 형식은 모든 본질의 권리 자격이 갖는 근원적 명증이 된다는 것입니다. 자연이 근원적으로 명증한 것으로 주어지는 것은, 자연을 그 자체로 명증한 직접성 속에서, 그 투명성 속에서, 그 현존 자체에서 포착하는 근원적 주체성에서입니다. 예컨대 **생각하는 자아**ego cogito라는 데카르트적 주체의 지위가 그렇고, 18세기 심리적 경험주의에서 주체가 갖는 지위가 그렇습니다. 루소의 마음의 지위도 정확히 그런 것입니다. 자연이란 곧 그것의 명증함 속에 있는 투명성인 것이죠.

간단히 말해서, 루소에게서 이 마음의 개입과 함께 변하는 것은 그러한 주체성의 이름입니다. 즉, 17세기와 18세기 초의 경우처럼 이성이나 지성이 아니라 마음인 것입니다. 달리 표현하자면, 변하는 것은 근원적 명증의 발현 형식입니다. 이제 빛이 아니라 소리라고 말할 수 있을 것입니다. 자연적 빛을 빗대어 표현하는 것인데요. 다시 말해서 자연은 그 자체로 비추는 자기 자신의 빛이며, 양심에 비추는, 자연을 포착하게 될 주체에 비추고, 자연을 포착하게 될 근원적 주체에 비추는 빛 자체입니다. 이성이야말로 자연의 빛인데, 반면 루소는 자연의 소리를 내세우고 있습니다. 즉 이때 **명증은 소리의 명증입니다.** 빛의 명증, 시각의 명증이 아니라 소리의 명증, 청각의 명증인 것입니다. 이로써 우리는 빛의 형식을 가진 자연과 이성의 동일성에서 다른 동일성으로, 즉 소리의 형식을 가진 자연과 마음의 동일성으로 이행하게 됩니다. 따라서 형식적으로는 동일한 내면성 구조인데요. 하지만 우리는 그러한 내면성 구조의 내부에서 일어나는 하나의 자리 이동을 목격하게 됩니다. 이성에서 마음으로, 빛에서 소리로 자리를 이동하는 것이죠. 이성에서 마음으로, 빛에서 소리로의 이러한 자리 이동은 하나의 질서에서 그와는 독립적인 다른 하나의 질서로의 이행이 아닙니다. 마치 우리가 알 수 없는 어떤 사변적 세계 안에 일련의 개념들이 독자적으로 미리 존재하고 있어서 이 경우의 루소 같은 철학자들이 필요에 따라 그 개념들을 골라 쓸 수 있다는 식의 그러한 이행이 아니라는 얘기입니다. 이성에서 마음으로, 빛에서 소리로의 그 자리 이동은 규정된 자리 이동입니다. 제가 설명하려고 하는 것이 이것인데요. 그러니까 루소의 선택에 따라 규정된 것이 아닌, 개념들에 따라 규정된 자리 이동입니다. 이 개념들과 관련해서 그러한 자리 이동이 행해지고, 이 개념들과 관련해서 루소가 자신의 경계선을 긋는 것이죠. 달리 말해서, 그 자리 이동은 이성과 빛이라는 개념들에 의해 규정됩니다. 그 자리 이동이 일어나는 것은 개념들과 연관해서입니다. 곧 자리 이동을 규정하는 것은 그 개념들인 것입니다. 또 달리 표현해 보자면, 마음과 소리는 권리상 그것들에 내속하는 하나의 의미를 담지하고 있지 않습니다. 그것들은 지시체를 갖지 않습니다. 그것들은 외부 실재들에 대응하는 것들이 아닙니다. 그것들이 갖는 모든 의미는 철학 세계에 내재해 있습니다. 그것들이 철학적 의미를 갖게 되는 것은 철학적 대상들로부터가 아니라, 그것들의 철학적 개입으로부터인 것입니다. 다시 말해서 마음과 소리는 규정된 거리라는 철학적 의미를 갖게 되는데요. 바로 그것들이 개입해 그 효과로서 이성과 빛 등의 예전의 개념들을 철학적 무대에서 밀어내고 그 사이가 갈라져 생긴 거리를 말하는 것입니다. 따라서 이성이나 빛과 마찬가지로 마음과 소리 역시 지시 기능을 갖지 않습니다. 객관적 기의記意, signifié를 가지지 않는다는 말입니다. 마음과 소리는 하나의 철학적 경계에 대한 철학적 표시, 즉 이성과 빛에 대한 비판적 거리 두기의 철학적 표시일 뿐입니다. 이성과 빛에 대한 비판적 거리 두기, 이것만으로도 매우 중요한 것이라고 할 수 있는데요. 왜냐하면 18세기 한복판에 있는 루소에게서 이는 현존하는 모든 이성의 구축물에 대한, 이성의 관념론에 대한, 교정자 이성에 대한, 빛의 철학, 계몽주의 철학에 대한 경계 획정을 의미하기 때문입니다. 이제부터 마음과 소리는 잘못된 기원에 관한 모든 이론들을 사절함과 동시에, 마음 및 마음에서 감지되는 자연에 호소함을 통해 올바른 기원에 관한 이론을 알린다는 의미를 지니는 것입니다. 달리 말해서 소리와 마음은 이와 같이 이성과 빛으로부터 스스로를 구분 지음으로써 빛과 이성의 현존 형식과는 다른 현존 형식의 또 다른 이름이 됩니다. 하지만 이 또 다른 현존 형식은 고유한 효능을 지니면서 이중의 효과를 산출하게 됩니다.

한편으로 그러한 현존 형식은 잃어버린 자연을 이 인간 세계에 직접적으로 현존하게 만듭니다. 그러한 자연/본성이 여전히 마음 깊숙한 곳에서 당장 말을 걸고 있을 테니까요. 그리고 다른 한편 그것은 탈자연화의 원환과 이성의 원환이 지닌 이율배반으로부터 방면됨을 허용합니다. 마음에의 호소, 즉 마음과 소리의 그러한 이행·경계 획정·개입이 그 굳게 닫힌 탈자연화의 원환에서 빠져나오기라는 불가능한 위업을 실현하기 때문입니다. 그러니까 그 현존 형식은 원환에서 탈출하기라는 그 불가능한 위업을 실현하는데요. 그 원환에서 빠져나오지 않고 그렇게 합니다. 우리는 그 원환에서 빠져나올 수 없다고 그랬으니까요. 그저 자신 안으로 들어감으로써 아직도 말을 걸고 있는 원환 밖 자연을 마음속에서 재발견하는 것입니다. 말하자면 안쪽을 통한 탈출인 셈입니다. 내면을 통해 원환에서 빠져나오게 되는 것이죠. 이제 원환에서 빠져나와 탈자연화의 전 역사 너머에, 즉 그 최초 상태로 있는 자연인 순수 자연 상태에 다다르는 것입니다. 진짜 원환에서 빠져나오는 건 아니겠죠. 그것은 불가능하니까 원환에서 빠져나오는 대신 자신 안으로 들어가는 것입니다. 그리고 이러한 내적 탈출을 통해 기원을 재발견하는 것입니다. 즉 대상과 접촉하는 것입니다. 순수 자연 상태라는 대상이죠. 마음은 내용을 갖고, 대상을 가지기 때문입니다. 제가 말씀드렸던 그 대상, 순수 자연 상태인 것이죠. 이때 경계 내에서 대상의 규정이 마무리되는 것입니다. 마음과 소리의 개입이 이성과 빛에 대한 그것들의 경계 획정에 의해 규정된다고 할 때, 그 개입은 단지 비판에 그치는 것이 아니기 때문에 그렇습니다. 개입은 동시에 그 효과로서 새로운 철학적 대상을 구성하게 됩니다. 그만큼 이전의 대상과 구분되는 대상으로서 마음과 소리의 대상이 될 텐데요. 그것은 이성과 빛의 철학에서는 찾아볼 수 없는 바로 그 참된 기원, 순수 자연 상태일 것입니다.

　　여기까지의 모든 설명들을 요약해 보겠습니다. 그다지 난해하지는 않았지만 어쨌든 힘들게 여기까지 왔는데요. 저는 다음과 같이 말하고자 합니다. 마음의 개입으로 일어난 이러한 모든 철학적인 조작에서 중요한 것은 마음을 그것의 대상, 즉 마음이 자신의 상관물로서 지시하고 있는 것과 상관관계를 갖도록 하지 않고서는 루소에게 마음의 개입이 갖는 의미를 생각할 수 없다는 것입니다. 어쨌든 자연의 명증함이 가진 통일성하에서 마음과 소리로 이성과 빛을 대신하는 철학적 대체 현상이 일어남을 확인하면서, 우리는 다음과 같은 세 가지 계기들에 맞닥뜨리게 됩니다.

　　— 첫째, 이성과 빛의 쌍으로부터 마음과 소리의 쌍으로 옮겨 가게 하는 자리 이동을 자연의 명증함 속에서 맞닥뜨리게 됩니다. 자연이 근원적 주체로 명증하게 주어지게 되는 그 형식은 이제 이성과 빛의 쌍이 아닙니다. 이성의 빛도 아니며, 빛으로서 이성도 아닌 것입니다. 그것은 소리로서 마음입니다. 마음의 소리, 자연의 소리인 것입니다. 이것이 첫 번째 자리 이동입니다.

　　— 이 자리 이동은 사실상 예전의 철학적 사고 형식과 거리를 두면서 새로운 형식을 부과하는 일정한 경계 획정인 것입니다. 마음과 소리가 무대 앞자리에 등장해 서로 상호작용하며 기능하는 것은, 그러니까 그것들이 철학적 무대 뒤편으로 밀어낸 형식들에 대해 반발하는 한 쌍으로 기능하는 것은 바로 그것들이 거리를 취한 예전의 사고 형

식들과 관련해서인 것입니다.

— 셋째, 형식들 간의 이러한 경계 — 한쪽에는 이성과 빛을, 다른 한쪽에는 마음과 소리가 있는 그러한 경계 — 에서 관건이 되는 것은 단지 형식들 자체가 아니라 새로운 철학적 대상인 것입니다. 철학적 대상이란 철학 내적인 대상, 예전의 철학적 대상을 대신할 다른 철학적 대상을 의미합니다. 이 새로운 철학적 대상은 곧 가짜 기원을 대신할 진짜 기원이죠. 우리가 한 고찰을 바탕으로 해서 보다 명확하게 규정적인 방식으로 말하자면, 그것은 홉스나 로크의 자연 상태를 대신할 순수 자연 상태가 될 것입니다. 실제로 루소 자신이 그러한 사고 형식과 대상이 독창적인 것이라는 느낌을 가지고 있습니다. 단지 느낌을 가질 뿐 아니라 그러한 느낌을 실질적으로 생산하는데요. 단지 생산만 하지 않고 실질적으로 생산합니다. 이를 증명하는 것은 루소 자신이 그러한 점을 의식하고 있고, 또 그러한 대상의 독창성을 의식적으로 사고한다는 점입니다. 이는 우리가 다음 차례에 다룰 것들입니다.

제2강. 1972년 3월 3일

지난번에 우리가 매달렸던 논점은 명확한 것이었습니다. 바로 마음의 개입이라는 것이었는데요. 제 가설도 알려드렸었죠. 『인간 불평등 기원론』에서 마음은 하나의 대상을 갖는다는 것, 루소는 그 대상에 "순수 자연 상태" 또는 "자연의 최초 상태"라는 이름을 붙였다는 것이 그것이었습니다. 덧붙여 제가 말씀드린 것은 자연권 철학과의 관계하에서 다른 대상이 문제된다는 것이었습니다.

루소는 다른 기원을 배치하고 다른 기원을 사고하려고 했습니다. 그러면서 루소는 그 다른 기원을 다른 대상과 상응하도록 만든 것입니다. 이 대상은 당연히 사고되는 대상입니다. 루소에게 이 대상은 반성과 추론에 의해 사고된다는 것입니다. 요컨대 지성의 형식으로 사고된다는 말이지요. 이는 루소가 행하는 마음에의 호소라는 게 신비한 감정의 부름이라든지, 헤겔이 철학의 상실, 이성의 상실이라며 비난하게 될 열광*Schwärmerei*의 혼란이라든지 하는 것들과는 무관하다는 걸 뜻합니다. 마음의 부름이라는 걸 통해서 루소가 요구하는 것은 올바른 기원을 탐색하고자 한다면 마음의 인도하에서 이성을 행사하라는 것입니다. 그러니까 이성의 배제는 아닌 것이죠. 잘 인도된 이성의 행사인 것입니다. 마음의 인도에 따라 잘 인도된다는 것입니다. 보다 정확히 말하자면 마음의 원리에 따른 추론과 반성의 수행입니다. 포괄적이고 막연한 원리들이 아니라 순수 자연 상태에 기입된 원리들이라는 극도로 명확하고 극도로 한정된 원리들에 따르는 것이죠.

그래서 우리는 등가의 두 명제를 말할 수 있습니다. 즉 마음을 이성의 원리로 삼는다는 것은 순수 자연 상태를 자연 상태의 원리로 삼는다는 것과 다름없습니다. 대상과 능력들상에서 나타나는 그러한 대상의 분화가 개념의 분화 속에, 루소의 『인간 불평등 기원론』이라는 텍스트의 분화 속에 기입되어 있음을 확인할 수 있을 텐데요. 실상 루소의 텍스트에서 이 순수 자연에 관한 논의가 차지하는 위치를 고려해 본다면 두 가지 특징이 두드러집니다.

순수 자연에 관한 논의는 분명 『인간 불평등 기원론』의 시작 부분에 놓여 있습니다. 『인간 불평등 기원론』의 원리에 해당하기 때문인데요. 하지만 동시에 그 논의는 나머지 부분과는 이론적으로 철저히 분리됩니다. 순수 자연 상태는 아주 독특한 상태입니다. 왜냐하면 돌발하는 자연적 우발 사건들 — 대지와 자연의 운행 등을 뒤흔드는 우주적 규모의 우발 사건들 — 없이 그 순수한 상태에서 지속되기 때문입니다. 즉 아무 변화 없이 스스로를 무한정 반복한다는 말입니다. 따라서 이러한 고립은 이론적인 고립입니다. 자연 상태의 내용과 관련 있을 뿐 아니라 자연 상태의 실존 양식/양태나 정립 양식과도 관련되는 이론적 고립인 것이죠. 말 그대로 순수 자연 상태는 그 자체로 고립되고 그 자체로 정립되고 사고된 기원 자체입니다. 고립이란 가시적이게 되고 표면화된 순수 자연 상태의 순수성을 뜻합니다. 순수 자연 상태의 이 순수성은 참된 기원에 제대로 다다르게 되었음을 보여 주는 증거인 것입니다. 왜냐하면 우리는 그것을 그 자체로 고립시킴과 더불어 그 외의 것들로부터 고립시킬 수 있기 때문입니다. 또 그럼으로써 성급하게 기원으로 내던져진 결과의 원환으로서 가짜 기원의 운명을 피하게 할 수 있기 때문입니다. 이러한 참된 기원은 다른 의미에서도 고립되어 있는데요. 이는 우리에게 매우 중요한 것입니다. 루소의 철학적 사고가 그의 말대로 "사실들" 일체를 제쳐 두고[23] 기능하게 되는 참된 기원에 대한 순수한 재현을 담은 대목 이후부터, 우리는 순수 자연 상태를 정의하는 데 기능하는 선험적 순수 연역의 형식과는 다른 형식의 반성이 개입함을 확인하게 됩니다. 사실들에 대한 견해, 즉 루소가 역사적 추측 및 가설이라고 부르는 것[24]과 결합되는 또 하나의 반성 형식이 개입함을 보게 된다는 것입니다. 다시 말해서 우리는 『인간 불평등 기원론』에서 두 가지 추론 형식이 기능함을 확인하게 됩니다.

— 순수 자연 상태를 목적으로 하는 순수하게 추상적인 연역 형식.

— 그리고 사실들에 대한 견해를 목적으로 하는, 부분적으로는 구체적이고 또 부분적으로는 가설적인 또 다른 형식, 즉 사실들을 추측 및 가설과 결합시키고 그 외 모든 것과 관련시키는 형식.

---

23) "따라서 사실들 일체는 제쳐 놓고 시작해야 한다. 왜냐하면 사실들은 이 문제와는 전혀 관계가 없기 때문이다."(*Discours sur l'origine de l'inégalité*, p. 132) [김중현 옮김, 『인간 불평등 기원론』, 51쪽.]

24) "나는 […] 몇 가지 추측을 감행했다."(*Ibid.*, p. 123) [같은 책, 41쪽.]; "가설적이고 조건적인 추론들 […] 인간이 가진 본성으로부터만 끌어낸 추측들."(*Ibid.*, p. 133) [같은 책, 51~52쪽.]

아주 말끔한 이러한 분리가 드러내는 바는 다음과 같습니다. 만약 그것이 차후에 일어날 발생의 노출 속에서dans l'exposition 기능하는 이성이라면, 즉 만약 그것이 관찰하고 반성하는 이성이라면, 그것은 순수 자연 상태에 대한 해설 속에서dans l'exposé 기능한 이성과 동일한 이성이 아니라는 것입니다. 이 다른 이성, 그것은 마음의 이성입니다. 그래서 사실상 우리는 이렇게 주장할 수 있습니다. 마음이라는 표현이, 제가 말씀드린 것처럼 마음의 원리에 따라 인도되는 이성을 의미한다는 조건에서는 확실히 순수 자연 상태란 곧 마음의 배타적 대상이라고 말입니다. 또한 확실히 순수 자연 상태는 마음이 개입하는 결정적인 지점이라고도 주장할 수 있습니다. 왜냐하면 마음은 첫째, 순수 자연 상태의 개념을 정립하기 때문이고, 둘째, 순수 자연 상태의 필연적 실존을 정립하기 때문이며, 셋째, 순수 자연 상태의 규정들을 정립하기 때문입니다.

첫째, 마음이 순수 자연 상태의 개념을 정립한다는 것은 마음을 자연권 이론가들의 이성에서 분리한다는 것입니다. 이성은 우리가 이제는 알고 있는 여러 이유들 때문에 "그 뿌리까지는 가닿을 수 없었"습니다. 루소가 한 말입니다. 그러니까 그 순수한 형태의 자연 상태 개념에 가닿을 수 없었다는 말입니다. 왜냐하면 이론가들은 그 불순한 형태에서만, 즉 거짓된 기원에서만 사고했을 뿐이니까요. 이성이 있고, 개념의 불순함이 있습니다. 결국 이것들은 탈자연화의 원환을 뜻하는 것들이었죠. 마음은 개념의 순수성이며, 새로운 길을 통해 펼쳐지는 필연적 해법이자 불가능한 해법입니다. 기원 개념의 순수함에 다다르기 위해서는 마음이 순수해야 한다는 것. 아마 이는 우리로 하여금 새로운 아포리아에 내던져지도록 하는 것일 텐데요. 어찌됐건 간에 자연 상태의 순수 개념일 뿐인 그 순수 자연 상태 개념은 마음을 통해, 또는 마음의 소리를 통해 정립되는 것입니다. 또한 마음은 그 순수 자연 상태의 실존을 정립합니다. 그리고 이러한 정립 역시 순수한 것입니다. 어째서일까요? 자연의 순수한 상태의 실존은 관찰 불가능하기 때문입니다. 그리고 그러한 자연 상태는 지상에서 전부 사라졌기에 관찰할 수 없습니다. 자연을 잃어버렸으니까요. 우리는 이 지상에서 야생성의 흔적들을 찾아볼 수 있을 텐데요. 예를 들어 우리는 카리브에 있는 야생인을 관찰해 볼 수 있습니다. 루소 저작에서 자주 등장하는 야생인 유형이죠. 따라서 우리는 가장 오래된 야생성의 상태를 관찰할 수가 있는 것입니다. 하지만 루소가 말하길 이러한 가장 오래된 야생성의 상태는 순수 자연 상태와 멀리 떨어져 있는 것이지요. 이 야생성의 상태는 벌써 탈자연화의 형식인 것입니다. 마찬가지로 우리는 짐승들, 늑대들이 길러 낸 소년들을 찾아볼 수 있는데요. 알다시피 18세기에는 이런 종류의 발견을 아주 좋아라 했습니다.[25] 그러나 이들은 그저 짐승들일 뿐이라고 루소는 말합니다. 짐승들처럼 울어 댄다는 것이 그 증거라는 것이죠. 결국 기원은 영원히 잃어버린 것입니다. 그래서 기원의 실존은 관찰 불가능한데요. 하지만 이 상실의 담론은 실존의 정립으로부터만 수행될 수 있습니다. 기원을 잃어버렸다고 말하기 위해서는 그 실존이 정립되어야 한다는 것입니다. 그런데 자연의 순수한 상태가 실존함을 정립하는 것은 관찰이 아닙니다. 관찰 불가능하다고

---

25) *Ibid.*, note III, p. 196. [같은 책, 136쪽.]

했으니까요. 그 실존을 부과할 수 있는 것은 이성이 아닙니다. 이성은 기원의 개념을 가지고 있지 않으니까요. 결국 그와 같이 할 수 있는 것은 마음인 것입니다.

　　루소는 이렇게 말하고 있습니다. "더 이상 존재하지 않고, 아마 단 한 번도 존재한 적이 없었던"(이는 이론가들에게는 분명 미사여구로 받아들여졌을 대목이죠), "십중팔구 앞으로도 결코 존재하지 않을 상태, 그럼에도 우리의 현재 상태를 제대로 판단하기 위해서는 그에 관한 올바른 통념을 갖추는 것이 필수적인 그런 상태".[26] 자, 이제 질문해 볼 수 있습니다. 이 순수 자연 상태의 실존에 관한 모든 흔적의 사라짐이라는 것은 그러한 상태를 그 순수함 속에 고립시키는 기능을 가지게 되는 것은 아닌가? 이 경우 그 상태를 가능한 모든 관찰에서 사전에 비껴가도록 해 결국 마음의 정립을 위해 그 상태를 유보함으로써 말입니다. 또한, 아마 단 한번도 존재한 적이 없었다고 했는데요. 자연권 이론가들에게는 해당되지 않는다고 가정해야 할 이러한 유보는 사실들의 관찰에 걸려들 위험, 그리고 그런 관찰을 순수한 형태로 있는 마음에 둘 위험을 영원히 제거하기 위한 게 아닐까요? 이 상실은 이제 경험적 상실이 아니라 권리의 상실일 것입니다. 그리고 잃어버린 것일 수밖에 없는 자연 상태, 상실의 형식, 즉 현실적 비실존의 형식으로만 실존하는 자연 상태의 그러한 실존은 당연하게도 관찰 불가능성의 형식으로만, 즉 마음을 통해서만 정립될 수 있을 것입니다. 덧붙여 말하자면, 요컨대 마음이란 순수 자연 상태의 속성들의 표시인 것입니다. 그 상태

---

26) *Ibid.*, préface, p. 123. [같은 책, 41쪽.]

의 내용을 나타낸다는 말이지요.

물론 순수 자연 상태에 속한 인간도 여러분들이나 저처럼 팔과 다리를 가지고 있는, 현재의 사람들과 같은 모습을 한 인간입니다. 그런데 이 중성적 인물은 명확한 규정들을 갖추고 있습니다. 독립, 고독, 본능의 직접성, 자기애, 자유, 연민, 언어의 부재, 이성의 부재 등등이 그런 것들이죠. 모든 규정들은 타고난 것으로 정립되며 관찰이나 이성은 거기서 전혀 개입하지 않습니다. 우리는 자연 상태의 개념, 실존, 내용의 정립이 이처럼 마음의 고유한 영역에 속한다는 가설을 세울 수밖에 없습니다. 그리고 루소의 뒤이은 설명들, 즉 그러한 정립에 이어지는 부분을 대조해 보면 그에 대해 확신할 수 있을 것입니다.

이어지는 부분은 실제로 야생성의 상태를 바탕으로 해서 관찰 가능한 사실들이 배치되는데요. 그 사실들의 수는 아주 적을지라도 탈자연화의 역사를 수놓기에는 충분한 것입니다. 루소가 말하듯이 바로 여기가 올바른 관찰은 물론, 관찰과 반성의 결합이 필요한 시점입니다. 그리고 사실들에 대한 관찰과 함께, 추론하는 이성, 추측하는 이성이 개입함을 확인하게 되는데요. 그러니까 자연의 순수한 상태에 대한 순수하고 단순한 정립과는 대조를 이루는 가설들의 역할이 개입하는 것입니다. 가설 및 추측들의 역할이란 관찰 가능한 사실들 사이에 연관을 맺어 주고 탈자연화의 긴 과정 속에 존재하는 틈새들을 메우기 위한 개연성 있는 설명을 제시하는 것입니다. 루소는 이렇게 말합니다. "나는 몇 가지 추론들로 시작했고, 몇 가지 추측들을 감행했다. 문제를 해결한다는 기대에서라기보다는 문제를 조명하고 그 실상에 이르게 할 의향으로 말이다. [⋯] 내가 묘사하고자 하는 사건들은 여러

가지 방식으로 일어날 수 있었을 것이다. 나는 추측에 의해서 그 가운데 선택을 할 수 있을 뿐이다. 하지만 이러한 추측들은 사물의 본성에서 끌어낼 수 있는 가장 개연성 있는 것일 때, 진리를 발견하기 위해 쓸 수 있는 유일한 수단일 때 근거가 된다."[27] 이어지는 부분은 이따가 말씀드리겠습니다.

결국 추측들과 가설들, 즉 이성의 사용인데요. 그런데 자연 상태, 그러니까 순수 자연 상태에서 정립된 원리들의 지배를 따르는 것입니다. 또한 이 추측들은 거부할 수 없는 그 첫 번째 원리들을 따르기 때문에 여러 갈래의 결론들로 이르지 않게 된다는 그 조건들 속에 있는 것입니다. 제가 방금 인용한 텍스트 말미에서 루소가 말한 바에 따르면 이렇습니다. "추측을 통해 내가 연역해 내고자 한 결론들이 그렇다고 해서 단지 억측에 불과한 것이 되지는 않을 것이다. 왜냐하면 내가 확립한 원리들[자연의 순수한 상태에 관한 원리들] 위에서는 동일한 결과를 가져다주지 않는, 동일한 결론을 이끌어 낼 수 없도록 하는 어떠한 다른 체계도 형성되지 않을 것이기 때문이다." 사정이 이런 이상 저는 다음에 나오는 테제들을 옹호할 수 있다고 생각합니다.

루소에게서 마음에의 호소는 단지 말에 머무는 것이 아닙니다. 마음은 그저 마음으로서의 능력이 지닌 고유한 양상에 따라, 다른 능력들과 공통적으로 적용되는 대상들에 미치는 심리적 능력이 아닙니다. 루소에게 마음은 철학적 역량입니다. 이성과 사회가 지닌 이율

---

27) *Ibid.*, pp. 123, 162. [같은 책, 41, 91쪽.]

배반들을 해결하는 역량, 참된 기원, 분리된 기원, 순수한 기원의 역량인 것입니다. 탈자연화 및 그 효과, 즉 결과에서 기원으로 순환하는 투사의 모든 오염으로부터 순수한 것이죠. 분리된 기원, 순수한 기원의역량으로서 마음은 말 그대로 순수한 기원 개념의 역량입니다. 다시말해서 그러한 개념의 순수한 정립 또는 분리된 정립, 그리고 그 개념의 규정들의 순수한 정립 또는 분리된 정립인 것입니다. 이러한 분리와 정립은『인간 불평등 기원론』에서 살펴볼 수 있습니다. 우리는 여전히 이렇게 말할 수 있는데요. 마음은 자신의 분리 속에서 순수 기원 개념을 정립하기 위해 탈자연화된 이성으로부터 스스로를 구획 짓는다고 말입니다. 하지만 이는 이성으로부터 달아나기 위한 것이 아닙니다. 반대로 이성을 구출하기 위한 것입니다. 마음의 지배에 따라, 마음의 인도에 따라, 마음의 원리들의 인도에 따라 이성을 전환시킴으로써말입니다. 이성은 이처럼『인간 불평등 기원론』의 증명들 도처에서 현존하고 있습니다. 다만 순수 자연 상태의 원리들에 따라서만, 즉 그것의 조건에 따라서만 자유롭게 되는 것이지요.

자, 이제 이러한 결과들을 가지고 우리의 출발점으로 되돌아가 봅시다. 우리는 다음과 같은 점을 확인할 수 있습니다. 얘기한 바대로 루소는 기원 속에서 사고하는 철학자에 속하는데, 자연권 철학자들 가운데서 유일하게도 기원에 대한 사고, 즉 그 구조와 적용들 속에서의 기원 개념에 대한 사고를 대면하고 지지하면서 그에 대한 근본적비판을 행했습니다. 그런데 이 비판은 가짜 기원에 대한 비판입니다. 게다가 그가 그 속에서 사고하게 되는 진짜 기원, 그가 개념으로, 실존으로, 내용으로 정립한 진짜 기원을 내걸고 행한 비판인 것이죠. 그러니까 형식적으로 우리는 여전히 기원 속에 머물러 있습니다. 당연히 우리는 이런 물음을 제기할 수 있습니다. 거짓 기원과 진짜 기원의 구분이 전체 자연권 철학에서 무엇을 변화시킬 수 있는가? 홉스와 로크가 이해한 바의 자연 상태와 루소의 순수 자연 상태의 구분이 자연권 철학에 일으키는 변화는 무엇인가? 순수 자연 상태의 고립은 무엇을 뜻하는가? 결국 그 본질적 차이는 어디에 있는가? 무엇이 이성의 자연적 빛과 마음의 자연적 소리 간의 차이를 드러내는가? 요컨대 그러한 차이는 루소를 포함해 기원 속에서 사고하는 모든 자연권 철학자들을 아우르는 이 기초적인 철학적 공통성에서 무엇을 변화시키는가? 우리가 루소에게서 살펴본 바와 같은 불변항의 변이가 그 불변항의 기의라고 할 수 있는 그 대상의 본성을 조금이나마 변용시킬 수 있는가?

바로 여기가 긴장감이 생기는 지점인데요. 우리가 확인해야 할 것은 루소가 자신의 선학들이나 동시대인들에게서 찾아낸 것과 같은 기원의 단일한 형식을 두 가지로, 즉 가짜와 진짜라는 두 가지 기원으로 대체했다는 점입니다. 기원은 그와 같이 이중화되고 그 둘 간의 거리는 벌어집니다. 비판당하는 가짜와 정립되는 진짜 사이의 거리인 것이죠. 동시대인들이 가진 순환성의 오류, 즉 기원 속에서 결과가 자체의 원인으로서 사고되는 것과, 루소가 가진 참인 것, 즉 기원이 순수한 것으로, 다시 말해 그 결과로부터 분리되며 그 결과와는 전혀 다른 것으로 사고되는 그것 사이의 거리인 것입니다. 그러니까 한편에는 근원적 사변성의 원환이 있는데요. 이는 달성된 사실의 정당화일 뿐이며 달성된 사실의 철학이 취하는, 달성된 사실 속에서 사고하는 철학이 취하는 전형적인 형식인 것입니다. 따라서 루소가 그에 대립시키는 것은 다른 형식의 기원, 순수한 기원입니다. 기원이 어떤 결과를 가진다고 생각할 수 있을 때까지, 그러한 결과가 기원의 결과라고 말할 수 있을 때까지 자신의 결과에 말려들지 않는 기원, 자기 자신의 결과와 전적으로 분리되는 기원인 것입니다. 루소가 대립시키는 것은 무언가에 의해 이 세상과 분리되는 다른 세계로서의 기원입니다. 거리로서의 기원, 또는 건너갈 수 없는 거리인 심연으로서의 기원인 것입니다. 그 순수함과 분리됨이 정확히 이 심연에 반영되고 있거나 반영되었던 기원이죠. 따라서 루소가 대립시키고 제안하고 있는 것은 반드시 필요한 기원에 대한 사고와, 동시에 근본적 분리, 근본적 순수성의 사고, 요컨대 **심연**에 대한 사고입니다. 제가 이 단어를 사용하는 것은 특수한 철학적 반향들을 끌어오기 위한 것인데요. 하지만 루소가 여러 번 되풀이해 사용한 단어였던 것임에는 분명합니다. 루소가 우리에게 제안한 이러한 사고를 지지하기란 그리 쉬운 일은 아니지만 이는 반드시 필요한 사고입니다. 루소가 기원 속에서 사고하면서도 기원에 대한 자신의 근본적인 비판을 지지하려고 한다면 반드시 필요한 사고라는 것입니다. 루소가 기원에 대한 요구를 고수하려고 한다면 말이죠. 기원 바깥에서는 일어난 일, 즉 기원의 상실을 전혀 이해할 수 없기 때문입니다. 기원 바깥에서는 지금 존재하고 있는 것, 즉 사회, 법, 통치, 불평등, 그리고 이익·명성·권력을 위해 벌이는 투쟁에서 나타나는 인간의 정념들 등등을 전혀 이해할 수 없기 때문이죠. 루소가 그러한 요구를 고수함과 동시에, 대답이 물음의 형식으로 스스로를 앞서게 하는 것에 지나지 않는, 그 가짜 기원의 영속적인 사변적 놀음을 거절하고자 한다는 것인데요. 이때 심각한 문제가 제기됩니다. 간단하게 말해 보자면 이렇습니다. 기원 물음의 이중화는 태양빛을 등지고 줄 지어 선 인물들을 통해 플라톤의 동굴 바닥에 투사되는 그림자의 이중화와는 닮은 점이 없다는 것입니다. 루소의 개입이 기원을 이중화한다고 할 경우, 참된 기원은 거짓 기원의 중복이 아닌, 전혀 다른 기원인 것입니다. 마음은 단순히 이성의 중복이 아닌 전혀 다른 역량입니다. 기원에 관한 한 우리는 그것이 전혀 다른 것의 역량이라고 말할 수 있습니다. 기원은 헤겔의 **일자**가 둘로 갈라지듯이 이중화되지 않습니다. 기원을 분화시키는 것은 전혀 다른 것입니다. 이제부터 참된 기원과 분리 또는 심연 간의 접합 속에 기입되는 것은 그러한 전혀 다른 것의 개입, 달리 말해서 순수성 개념, 분리 개념의 개입인 것입니다. 설사 이 분리나 심연이라는 통념이 단순히 순수함과 불순함, 자연과 탈자연의 근본적 분리, 그것들 간의 공백, 그것들 간의 절대적 비동일성에 의해 파인 공백으로 이해된다고 하더라도 말입니다. 이 공백을 진지하게 받아들인다면 어떤 식으로든 그것은 사고되어야 합니다. 즉 사고 속에서 표면화되어야 합니다. 왜냐하면 공백이 사고되지 않는 한, 루소가 요청하고 요구한, 그가 청구한 그러한 공백, 그러한 순수성, 그러한 분리는 의문스러운 것으로 남고 우리는 갈팡질팡하게 되기 때문입니다. 루소가 우리에게 그 단어들만을, 즉 개념은 없이 "순수 자연"이라는 표현만을 넘겨준 것인지도 모릅니다. 또는 루소가 순수 자연, 순수성, 분리 등의 개념과 관련이 있었는지 아닌지 알지 못합니다. 게다가 우리는 그 단어들이 개념인지 아닌지를, 그 단어들을 구성하고 그 개념들을 구성하는 의미가 무엇인지를 알지 못합니다. 우리는 그 단어들의 의미가 될 수 있는 것들이 무엇인지 알지 못한다고, 다시 말해서 우리가 현재까지 말해 온 바에 입각해서는 그 단어들의 철학적 내지 이론적 효과들을 선취할 수 없다고 말해야 합니다. 왜냐하면 철학적 개념의 의미란 바로 그 효과들이라는 것이 사실일지라도, 우리는 그 개념들의 철학적 내지 이론적 효과들을 선취할 수 없기 때문입니다. 다만 우리가 처한 현 단계에서 물음으로 제기해 본다면 이렇습니다. 루소에게서 기원의 이중화가 갖는 의미는 무엇인가? 우리는 너무나 당연하게도 이렇게 생각할 수 있습니다. 기원 개념에 대해서 루소가 한 이 모든 작업이란 그저 기원 개념, 즉 어디에선가 그 자체로 존재하고 있는 개념, 그래서 루소가 어떤 의미에선가 그것을 재정비하려고 힘쓴 하나의 개념에만 관련될 수 있다고 말입니다. 말하자면 그 개념의 대상에 아무런 손상도 가하지 않는 철학적 사고 형식의 재정비인 것이죠. 이 경우 달성된 사실로서 사회·법·국가가 갖는 본질적 의미는 그러한 대상의 개념적 발생이 자연권 철학 속에서 사고되도록 하는 보다 큰 범주들의 의미를 손상시키지 않을 것입니다. 이를테면 자연 상태의 의미, 계약의 의미, 시민적 상태의 의미 등을 말입니다. 순수성·분리·심연 등의 그러한 개념이 자신의 대상 속에서 사고되지 않는 한, 우리는 달성된 사실, 기원의 철학 및 그 대상 등에 가까이 놓이게 됩니다. 또한 권리의 철학/법철학이 가지는 그 대상에 가까이 놓이는 것이죠. 다시 말해서 권리입니다. 단지 권리일 뿐이죠. 달리 말해서 제기되는 물음은 바로 이렇습니다. 오직 문제되는 것은 무엇인가? 단순한 어법으로 사태를 말하기 위해 오직이라는 표현을 쓰겠습니다. 루소의 텍스트들, 즉 『인간 불평등 기원론』과 『사회계약론』에서 오직 문제되는 것은 무엇인가? 홉스와 로크에서 물음이 걸리는 동일한 대상이 문제되는가? 즉 통치의 본질이 문제되는가? 권리의 본질이 문제되는가? 사회적 관계들의 본질이 문제되는가? 아니면 다른 것이 문제되는가?

제가 암시하고자 하는 것은 바로 다른 것이 문제되며 우리는 그것에 대해 말할 수 있다는 점입니다. 왜냐하면 루소가 그러한 개념, 즉 순수성 및 분리 개념, 아니면 심연의 개념이라고 해도 좋을지 모르겠습니다. 아무튼 그러한 개념을 그 대상 속에서 사고했기 때문입니다. 그러한 사고는 루소 작품들 속에 기록돼 있습니다. 『사회계약론』에서는 상당수의 지면들이 해당됩니다만, 특히 『인간 불평등 기원론』의 경우는 전체에 걸쳐 해당되는 이야기입니다. 루소가 한 이러한 사고의 결과는 아주 놀랄 만한 것입니다. 달리 말해 보자면 이렇습니다. 제가 지적하고자 한 것은 우리가 지금까지 살펴본 그러한 비판, 제가 약간은 추상적으로 보일 만한 방식으로 개진해 왔던 그러한 비판이 우리에게 보여 주는 바가 있다는 것입니다. 즉 그것은 기원 통념의 그러한 이중화 속에서 관건이 되는 것이 바로 홉스와 로크의 대상들을 취급하는 일정한 방식이 아니라는 것입니다. 관건이 되는 것은 바로 출현입니다. 아마도 단면으로 보이는 출현일 테지만, 그래도 어떤 새로운 대상의 풍채를 띤 출현입니다. 제가 암시적으로 말했던 것이 바로 그것인데요. 루소가 단지 단어들만을 꺼낸 게 아니라 사고하려고 시도했다는 점에서, 루소가 행한 그러한 사고의 결과, 즉 그가 말한 바는 아주 놀랄 만한 것이라는 점입니다. 달리 말해서 기원 개념에 작용하고 루소에게서 가짜 기원과 참된 기원을 구분 짓는 그 차이는 새로운 철학적 대상에 새로운 공간을 열어 주는 것입니다. 또 달리 말하자면요. 우리가 보는 앞에서 루소가 수행한 그러한 분리, 또한 오로지 이미 현존하는 대상들에 관련될 뿐인 것처럼 보이는 그러한 분리 속에서 지금껏 존재하지 않았던 대상이 출현한다는 말입니다. 그것은 바로 루소가 우리에게 제안한 대상입니다. 이제 우리는 그 대상의 의미가 무엇인지 확인할 것인데요. 무엇보다도 제가 지난번에 알려드린 것처럼 이 발표의 두 번째 계기에서 말입니다. 다시 말씀드리자면 첫 번째 계기는 기원 개념이었습니다. 이 발표의 두 번째 지점은 이렇게 이름 붙일 수 있습니다. 즉 『인간 불평등 기원론』에서 발생의 계기들 및 그러한 계기들이 갖는 이론적 효과들'이라고 말입니다.

지금 우리가 알고 있는 다음 두 명제를 나란히 놓고 살펴보고자 합니다. 첫째는 이건데요. '원환으로 된 기원에서 물러남으로써 원환으로 이뤄지지 않은 전혀 다른 기원을 정립할 필요성이 생긴다.' 그리고 지금 이 발표의 포문을 여는 두 번째 명제를 기입해 보겠습니다. '첫째 명제로부터 자연권 철학의 고전적인 발생과는 전혀 다른 발생을 정립할 필요성이 나온다. 즉 원환으로 이뤄지지 않은 기원에서 출발하는 전혀 다른 발생이 첫째 명제에 의해 요구된다.' 달리 말해서 루소의 고유한 발생 속에서 우리는 기원들 간의 차이가 그 발생의 효과로서 드러남을 보게 될 것입니다. 기원들 간의 차이에서 작동하고 있는 것, 관건이 되는 것이 그 첫째 형식으로 『제2논고』, 즉 『인간 불평등 기원론』에 기입된 발생의 종별성 속에서 나타남을 보게 될 것입니다.

실제로 그의 선학들과 비교해 본다면 루소는 『인간 불평등 기원론』에서 완전히 새로운 무언가를 가져오고 있습니다. 이런 역설적인 표현이 가능하다면 루소는 완전히 난데없는, 새로운 발생의 구조를 가져오고 있습니다. 난데없다니 어째서일까요? 그의 선학들의 발생과는 완전히 다르기 때문입니다. 발생은 사회계약을 통해서 자연 상태에서 시민적 상태로 이행케 한다고 말할 수 있는데요. 홉스와 로크에게는 그 발생이 현실적 발생도 아니고 역사적 발생도 아닌, 그저 본질의 발생일 뿐입니다. 제 생각에 이러한 주장은 전적으로 옹호될 수있고 전적으로 정당합니다. 다른 한편 이 홉스와 로크의 발생은 새로운 것은 전혀 가져오지 않습니다. 확립된 질서, 또는 확립해야 할 질서에 대한 철학적·법적 정당화 외에는 새로운 것이 전혀 없다는 말입니다. 이것은 그러니까 루소가 가짜 기원에 대한 자신의 비판에서 완전하게 검토했던 것입니다. 기원에는 이미 모든 것이 주어져 있습니다. 끝/목적fin과 결과의 원리들이 이미 기원 속에 있다는 것이죠. 그렇기때문에 발생에서는 아무 일도 벌어지지 않습니다. 역사적 발생이 아닌것이죠. 또 그렇기 때문에 단지 본질의 발생일 뿐입니다. 또 그렇기 때문에 발생은 새로운 것은 전혀 가져오지 않습니다. 이러한 매우 일반적인 지적은 루소에 의해 되풀이된 것으로, 우리는 그것을 홉스와 로크에게서도 확인할 수 있습니다. 홉스의 공포이든, 로크의 자연법이든처음부터 끝까지 작동 중인 단 하나의 균일한 본질이라는 매우 도식적인 방식임을 확인하면서 말입니다. 전쟁 상태부터 주권자의 역량하에놓이는 시민적 상태까지 우리는 결코 홉스의 공포에서 벗어나지 않습니다. 자연 상태가 문제되든 시민적 상태의 균형 잡힌 재분배가 문제되든 우리는 결코 로크의 자연법에서 벗어나지 않는 것입니다. 이 둘모두에게 발생은 부차적인 수정이나 정정일 뿐이거나 (단 하나의 동일한 본질을 이루는) 요소들의 재분배에 불과할 뿐입니다. 본질의 연속성에서 벗어나지 못하며, 그렇기 때문에 본질의 분석에만 매달리게 되죠. 결국 자연권 철학의 대명제는 다음과 같은 것이라고 말할 수 있는데요. 우리는 결코 자연권에서 벗어나지 않는다. 시작부터 끝까지 자연권의 본질 밖으로 나가지 않는다. 우리가 알고 있는 실재적 권리나 정치는 자연 상태가 지닌 극도의 불편들을 제거하기 위한 반성된 변양들일 뿐이다.

자, 이제 『인간 불평등 기원론』에서 루소는 우리에게 완전히 의외의 것으로 보이는 발생을 맞닥뜨리게 하는데요. 그것은 앞서와 같은 연속성의 발생과는 전적으로 다른 것입니다. 기원에 대한 루소의 비판이라는 기능을 하는, 그래서 기원에 결과를 투사하기를 거부하는 기능을 하는 그러한 발생을 우리에게 제안합니다. 제가 여기서 그 도식을 그려 보겠습니다.

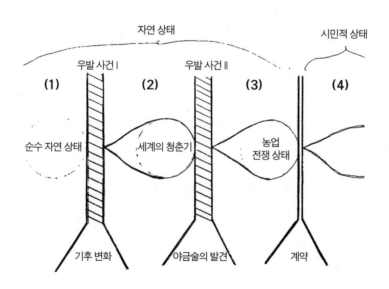

〈알튀세르가 그린 도식의 필사본〉

사회계약에 의해 분리가 이뤄지는 자연권 이론의 발생과 마찬가지로 『인간 불평등 기원론』의 발생도 그처럼 이뤄집니다. 이 발생은 네 가지 계기들을 포함하는데요. 첫 번째 계기가 순수 자연 상태, 즉 그 분리 속에서 순수한 기원입니다. 어째서입니까? 왜냐하면 순수 자연 상태는 인간들을 서로 접근하도록 만드는 우주적 규모의 거대한 장애들, 즉 계절의 변화라든지 대양의 전복이라든지 하는 것 등이 개입되지 않는다면 무한정 재생산될 것이기 때문입니다. 다시 말해서 인간들은 흩어진 상태로, 범세계적인 숲 속에서 살았던 것입니다. 거기서 인간들은 방랑하며 서로서로 떨어진 채로 자연에 일치해 있습니다. 그런데 동일한 그 자연에 의해서 다시 모이도록 강제되는데요. 바로 이때부터 어떤 새로운 것이 시작됩니다. 세 가지 수준을 포함하는 자연 상태의 두 번째 단계가 시작하는 것이죠. 그 최초 상태에서는 외적 강제로 인해 인간의 능력이 탈자연화되고, 동시에 발전됩니다. 이는 성숙이나 탈자연화/변성의 과정으로 부를 수 있는 긴 과정의 시작입니다. 순수하지 않은 자연 상태를 시작으로 해서 사회계약에까지 나아가는 과정인 것이죠.

자연 상태의 이 두 번째 국면에서 인간들은 서로 접근하기 시작합니다. 그들 간의 여러 가지 호혜적 관계들을 확립하는 것이죠. 필요에 의해, 공간상의 근접에 의해, 상호 부조에 의해 촉진되는 관계들입니다. 또 언어, 이성 등을 발명하기 시작합니다. 이러한 발전은 일종의 만족의 점, 성숙의 점에 다다르는 시점까지 계속 이어집니다. 그러니까 원을 그리게 되는 점까지인 것입니다. 정치적 자연 상태가 원을 그렸던 것과 꼭 마찬가지인 셈이지요. 바로 이것이 루소가 "세계의 청춘기" 상태라고 말한 것입니다.[28] 인간에게 선택권이 있다면 인류가 거기에 머무르기를 바랐을 그러한 상태인 것이죠. 세계의 청춘기 상태는 루소가 "독립적 교류"라고 부른 것이 널리 퍼져 있는 상태입니다. "독립적 교류"라는 이 표현은 매우 명확한 의미를 갖는 것인데요. "교류"라는 것은 인간들 간의 관계를 말하고자 하는 것이고, "독립적"이란 말은 인간들 간의 관계이되 어떠한 인간도 다른 인간에게 종속되지 않은 상태를 말하고자 함입니다. 각자의 생이 독립적이란 말입니다. 즉 인간들 간의 자유로운 상호 관계인 것이죠. 이때 당시 상황은 무한정 지속됐을 수도 있었을 것입니다. 보편적 효력을 미친 제2의 역사적 우발 사건이 개입하지 않았더라면 말이죠. 이 제2의 역사적 우발 사건은 정확히는 모르겠지만 아마도 인간들이 거기에 관여했을 것이라는 점에서 외부의 물리적 자연이 독점하는 사실은 아닙니다. 요컨대 그것은 야금술의 발명입니다. 야금술의 발명은 제2의 거대한 우발 사건입니다. 우발 사건이란 그보다 앞선 발전에 의해 일으켜진 것이 아니면서 모든 것을 변화시키는 어떤 것으로 이해해야 합니다. 야금술은 농업의 발전을 가능케 하고 농업이 발전되는 바로 그 순간부터 인간들은 차차 숲 속에서 정착을 한다든지 숲 속을 헤쳐 나가는 법을 배우게 되든지 할 것입니다. 그리고 어떤 시점 이후로는 숲은 더 이상 존재하지 않게 되겠죠. 일체의 숲이 인간들의 터전으로, 소유지로 전환될 것입니다. 더불어 지구는 둥글기 때문에 인간들이 정착 공간을 마련하기 위해서는 점유자와의 싸움이 불가피합니다. 숲 가운데서 최초로 육지

---

28) *Ibid.*, p. 171. [같은 책, 102쪽.]

를 정복한 점유자들과의 쟁탈전을 벌일 수밖에 없다는 것이죠. 이것이 곧 전쟁 상태일 것입니다.

　　여기 세 번째 원환은 여러분들이 보는 바와 같이 자연 상태 내의 세 번째 국면을 나타내고 있습니다. 이 전쟁 상태를 겪으면서 인간들은 자신들이 처한 비참함을 목도하죠. 그래서 『인간 불평등 기원론』의 매우 독특한 형식 속에서, 즉 부자들의 제의에 의해 사회계약을 받아들이게 됩니다. 이는 인간들의 사회에 시민적 상태를 확립하기 위한 것이죠. 여러분들은 이러한 구조를 매우 의아하게 여길 수 있습니다. 우선 자연 상태가 세 단계로 분해된다는 점이 그렇습니다. 그 다음엔 순수 자연 상태가 나머지 것으로부터 완전히 고립돼 있다는 점이 그렇습니다. 또한 이 자연 상태가 세 국면으로 분해된다는 점도 그렇습니다. 이 세 국면은 먼저 자연적 우발 사건에 의해 두 부분으로 분리되는 듯하다가 단지 자연적이지만은 않은 또 다른 우발 사건에 의해 두 번째 국면과 세 번째 국면이 분리되는 것이죠. 마지막으로, 시민적 상태를 창설하기 위해 사회계약이 개입된다는 점도 의아하게 여겨집니다. 이러한 발생의 상태가 취하는 구조는 자연권 철학이 우리에게 물려준 것과 비교해서 완전히 의외의 것이라고 생각됩니다.

　　이렇게 말할 수 있을지도 모르겠습니다. 언뜻 보기에 이 도식으로부터 분명해지는 것이 있다고 말입니다. 홉스나 로크에게서 보는 것과는 달리 루소의 도식에서는 환원 불가능한 차이들, 본질적 변양들, 본질의 변양들, 본질의 불연속들, 과정상의 도약들이 지적될 수 있다는 점입니다. 또한 우리는 대충 이렇게 말할 수 있습니다. 그 끝에서 이루어지는 것이 그 시작에서 이루어지는 것으로 환원되지 않는다. 따라서 이러한 발생은 불연속적입니다. 발생이 불연속적이라면 그것은 더 이상 단순한 본질의 분석일 수 없습니다. 또한 그 발생이 더 이상 단순한 본질의 분석이 아니라면 그것은 그 기능화에 의해 생산되는 새로운 대상과 관련됩니다. 이 대상은 단순한 권리, 권리의 본질이나 정치적인 것의 본질에 관한 이론과는 다른 것과 관계합니다. 당연하게도 역사라고 부를 수밖에 없는 어떤 것과 관계하는 대상인 것이죠.

우리는 좀더 자세히 이 구조를 규명해 보고자 합니다. 또한 고전적 구조와 비교해 볼 때 이 구조는 글자 그대로 세분화돼 있음을 확인하고자 합니다. 연속성이 군림하는 곳에서 필요한 것은 바로 불연속의 독특한 형식들입니다. 이 발생은 거대하고 깊숙한 틈새들, 단절들, 간극들로 특징지어집니다. 좀 더 명확하게 말하자면요. 무엇보다 인상적인 것은 자연 상태가 세분화돼 있다는 것입니다. 자연 상태를 통일시키는 단 하나의 동일한 본질 대신에, 즉 홉스의 전쟁이나 공포, 로크의 자연법이나 평화 대신에 우리는 세 가지 불연속적 계기들로 세분화된 자연 상태를 보게 됩니다.

— 먼저, 순수 자연.

— 둘째로, 평화의 상태라고 부를 만한 세계의 청춘기까지의 자연 상태.

— 셋째로, 전쟁 상태에까지의 자연 상태. 보통 그냥 전쟁 상태로 말하게 되죠.

자연 상태 내의 두 가지 상태 사이에는 하나의 불연속이 있습니다. 이는 우연들, 즉 내적 과정에 속하지 않는, 그 내적 과정과는 하등 관련이 없는 원인들의 개입인 것입니다. 이 개입들이 그 효과로서 무한정한 반복의 원환으로부터, 완전하게 다다른 결말이 취하는 무한정한 재생산의 원환으로부터 벗어날 수 있게 하는 것입니다. 따라서 매우 독특한 불연속들이라고 할 수 있는데요. 왜냐하면 (1)과 (2) 사이에, (2)와 (3) 사이에 개입하는 외부 원인들과 같은 이러한 우연들은 과정이 원환을 취하게 되었을 때, 즉 과정이 물레바퀴 돌 듯 자체적으로 재생산되는 가운데 개입하기 때문입니다. 우연의 개입, 과정 외부에 있는 원인들의 개입은 이와 같이 우연이기는 하지만 발전 불가능한 재생산 과정이 가진 순환성의 필연적 결과처럼 나타나는 것입니다. 순수 자연 상태는 그 자체로부터 스스로 벗어날 수 없으므로 우연들의 개입이 필요한 것이며, 이를테면 그 평화의 자연 상태는 그 자체로부터 스스로 벗어날 수 없으므로 우연의 개입, 야금술의 개입이 필요한 것입니다. 달리 말해서, 우연의 개입과 우연이 개입하는 상황 간의 일치라는 2차적 우연이 있는 것입니다. 마치 무한정한 순환성의 상황이 우연을 요청하듯이 말입니다. 그 상황이 그 자체로부터 스스로 벗어날 수 없으니까요.

두 번째로 주목할 것은 외부 원인들의 개입과 대응하는 이러한 원환들인데요. 자체 안에서 돌고 있고, 자기로부터 빠져나오지 못하는 재생산이므로 원환인 것이죠. 이것들은 모두 어떤 과정의 결과, 어떤 발생의 결과라는 점입니다. 원환 하나를 제외한다면 말이죠. 모든 원환들, 그러니까 세계의 청춘기라고 말해도 좋을 평화 상태의 원환과 전쟁 상태의 원환 모두 이전 과정의 결과인데, 순수 자연 상태의 원환만은 그렇지 않습니다. 이 원환은 과거가 없고, 발생이 없으며, 무언가의 결과가 아닙니다. 재생산 속에서, 반복 속에서 자기 자신의 정립인 것입니다. 이 원환은 역사 전체의 바깥에 있습니다. 하지만 그럼에도 불구하고 그 원환에 의거한다면 어떤 발생이 불가능한 것임에도 가능한 것이 되는 그런 것입니다. 하지만 이러한 발생은 불연속의 발생이며, 순수 자연 상태가 그 원인을 내포하고 있지 않은 발생, 또는 보다 정확하게는 순수 자연 상태, 즉 기원의 상태가 그 시작이 아닌 발생인 것입니다. 달리 말해서 기원을 지난 다음에 시작하는 것이죠. 그런데 이보다 더욱 놀라운 점이 있습니다. 그것은 단지 자연 상태가 세분화돼 있다는 점이 아니라, 전쟁 상태와 시민적 상태 사이에, 그러니까 (3)과 (4) 사이에 생겨나는 것, 즉 계약의 계기에 생겨나는 것입니다. 여러분은 홉스와 로크의 시민적 계약에 관련해 언급될 수 있었던 사항들을 기억하실 텐데요. 그것은 분명 매우 복잡한 것이지만 그럼에도 그 양자에게서 계약이란 그 이전의 상태를 재조직하기 위해 개입하는 형식임에도 본질 면에서 그 이전의 상태와 연속성 속에 있는 형식이라고 말할 수 있습니다. 또한 그 계약은 자연권을 제한하고 재분배하기 위해 개입합니다. 그러니까 제한되고 재분배되는 그것 자체는 자연권인 것입니다. 루소의 경우도 마찬가지일 것 같습니다만 실상 그렇지 않은데요. 표면적인 동일성 밑에서 실제 심오한 차이가 드러나는 셈이죠.

　　　루소의 계약이 갖게 되는 효과는 자연권의 제한도 아니고 자연권으로부터 나오는 힘들의 재분배도 아닙니다. 루소의 계약은 어떤 구성을 그 효과로 갖습니다. 근본적으로 새로운 실재성의 구성인 것입니다. 루소의 계약은 구성하는 것이죠. 자, 그러니까 그 놀랄 만한 표현, "인간을 탈자연화"해야 한다고 말하면서 루소가 표현하는 바가 바로 그것입니다. 저는 여러분들에게 우리가 탈자연화의 끝에 있다고 말합니다. 탈자연화 과정은 (2)에서 시작해 (3)의 마지막에서 끝이 나는데요. 따라서 우리는 사회계약의 시점에 있는 것입니다. 탈자연화 과정의 끝에, 기원적 자연의 끝에 있는 것이죠. 자, 이제 계약은 인간을 탈자연화하는 것으로 이뤄져야 합니다. 루소는 『에밀』에서 이렇게 말하죠. "좋은 사회 제도들이란 인간을 가장 잘 탈자연화시킬 것 같은 것들, 즉 인간에게서 절대적 실존을 제거하고 그 대신에 상대적 실존을 부여하는 것이다." 『에밀』에서 루소는 또 이렇게 말하죠. "플라톤은 인간의 마음을 순수하게 만들었을 뿐이지만, 리쿠르고스Lycurgue는 인간의 마음을 탈자연화시켰다."[29] 또한 『사회계약론』에서는 이렇게도 말하고 있습니다. "하나의 인민을 설립하기를 감히 시도하는 자는 말하자면 인간의 본성을 변화시킬 수 있다는 자신이 있어야 한다."[30] 관련 원문들은 수없이 많습니다만 중요한 것은 "탈자연화"라는 말입니다. 이 말에 우리가 주의를 기울인다면, 제가 이 도표에 담은 도식의 배치는 보충적 의미를 지니게 될 것입니다. (3)과 (4) 사이에서, 전쟁 상태와 시민적 상태 사이에서 행해지는 것은 정말이지 다른 불연속들에 비해 매우 특별한 유형의 불연속입니다. 동일한 부류의 불연속이 아니란 말입니다. 그런데 루소가 "탈자연화"라고 부르는 이러한 유형의 불연속이 이해되기 위해 또 가리키고 있는 것은 또 다른 불연속, 즉 (1)과

---

29) Jean-Jacques Rousseau, *Émile*, Livre I, pp. 249, 250. [김중현 옮김, 『에밀』, 66, 67~68쪽.]
30) Jean-Jacques Rousseau, *Du contrat social*, Livre II, chapitre VII, *op. cit.*, p. 381. [김영욱 옮김, 『사회계약론』, 후마니타스, 2018, 53쪽.]

(2)·(3) 사이에 존재하는 것입니다. 다시 말해 순수 자연 상태와, (2)와 (3) 사이에서 행해지는 자연 상태의 나머지 전 과정, 그러니까 탈자연화 과정 사이에 존재하는 것입니다. 그렇다면 이 도약, 즉 루소의 사회계약에서 구성적인 이 불연속이 탈자연화로 이해될 수 있는 경우는 그것이 기존의 탈자연화에 대한 탈자연화일 때뿐입니다. 다른 말로 표현하자면, 기존 소외의 소외, 또는 기존 부정의 부정이 되겠지요. 저는 일부러 'à dessein' 이런 표현들을 끌어들이는 것인데요. 이유는 이따가 알게 되실 것입니다. 그러니까 이러한 구성적 불연속이 그 이전 결과를 바탕으로 떠오른다면 그것은 그 결과가 도약에 의해서, 즉 (1)에서 (2)로 이행하게 만드는 불연속에 의해서, (2)에서 (3)으로 이행하게 만드는 불연속에 의해서 촉발된 결과이기 때문입니다. 그러면 지금부터 우리는 (1) 순수 자연 상태에서 행해진 것이 단지 (2)와 (3)에서 행해진 것의 조건이 아니라는 것을 알 수 있습니다. 제가 여러분들에게 일러준 두 개의 도약, 두 개의 불연속의 조건으로만 존재하는 것이 아니라는 것이죠. 그게 아니라 (1)에서 행해지는 것은 (2)와 (3)의 아래에서 뛰어올라 (2)와 (3)을 넘어가는, 즉 우리가 좀 전에 확인한 두 가지 불연속으로 특징지어진 그 모든 발생을 뛰어넘는 그런 것으로, (4)에서 행해지는 것의 기원, (4)에서 행해지는 것의 존재 이유인 것입니다. 다시 말해 그것은 사회계약에서 행해지는 것의 존재 이유입니다. 탈자연화의 탈자연화라는 과정 끝에서 사회계약을 통해 근원적 자연이 복원돼 있게 되는 것이지요. 물론 새로운 토대 위에서 그렇습니다. 루소가 말하는 것처럼 "새로운 기초들 위에서 인간의 본성을 재확립하는 것"입니다.

이렇게 번호를 매긴 것들 전부가 충분히 근거가 있는 것이라면, 명백히 이것들은 상당수의 귀결들을 초래하게 되죠. 그렇지만 저는 여러분들에게 당장 이렇게 말씀드리고 싶습니다. 즉 지금까지 우리는 이 형식적인 수준에서만 여전히 머물러 있다고 말입니다. 다시 말해서 우리는 이 속에 기입된 이러한 불연속들을 관찰해 왔으므로 이 형식적 기술들을 넘어서 나아가는 게 필요하다고 말입니다. 우리는 불연속적 발생에 대해 기술하는 것으로 만족해 왔습니다. 이 불연속의 구조가 갖는 몇몇 특색을 분명히 하기 위한 것이었죠. 그러나 우리가 잊지 말아야 할 것이 있습니다. 홉스와 로크의 본질의 분석이 갖는 구조가 철학적 대상, 또 이를 통해 정치적 대상과 관련되었던 것과 꼭 마찬가지로, 루소가 자리에 놓으려고 하는 것 역시 대상들과 관련돼 있다는 사실을 잊어서는 안 된다는 것입니다. 그리고 고전적 이론의 대상들이란 무엇보다도 자연권, 자연법, 자연 상태, 전쟁 상태, 사회계약 등이죠. 자, 그러니까 나중에 좀 더 자세하게 살펴볼 기회가 있었으면 하지만 제가 지금 간단하게나마 지적하고 싶은 건 이렇습니다. 정당화 형식의 구조 및 본질의 재현 형식의 구조가 변화된다면, ──그러니까 여러분들은 여기서 루소에게서 구체화된 그 형식을 보고 있는 것이죠──다시 말해서 발생의 형식이 변화된다면, 발생을 구성했던 것, 즉 발생의 연속적 동일성이 변화된다면, 그리고 그 발생이 이제부터 각각의 경우에서 종별적이고 차별적인 불연속들을 가지면서 불연속적인 것처럼 나타난다면, 그러한 발생이 감당하고 정당화해야 할 대상들의 본성은 전복된 것까지는 아닐지라도 어쨌든 변용된 것으로 판명될 것이라는 얘기입니다. 자, 그러니까 우리가 형식적 기술을 넘어 다소나

마 진일보한다면, 우리가 방금 검토한 그 단순한 형식적 배치가 다음과 같은 귀결점을 가져다준다는 것을 알 수 있습니다. 그것은 바로 자연권의 고전적 범주들이 문제화된다는 것입니다. 때때로 오인 가능할 정도로 말입니다.

저는 세 가지 점을 검토해 보려고 하는데요. 첫째는 순수 자연 상태입니다. 먼저 저는 이러한 명칭이 정당함을 인증받고 싶습니다. 왜냐하면 제 생각에 이 명칭이 관용적으로 쓰이지는 않기 때문인데요. 그래서 여러분들에게 루소가 『인간 불평등 기원론』에서 자연의 최초 상태에 대해 말한 여러 대목들을 짚어드리고 싶은 것입니다. 루소는 최소한 예닐곱 군데에서 "순수 자연 상태"나 "자연의 순수한 상태"라는 표현을 사용해 다른 이후의 상태들과 구별하고 있습니다. 다시 말해서 그 분리 속에서 그것을 드러내 보이기 위한 것이죠. "그러한 인민들이 자연의 최초 상태로부터 이미 얼마나 멀어져 있는지를…" 하는 대목 따위가 그렇습니다.[31] 루소는 이 순수성 속에 있는 자연 상태를, 과도한 타락의 산물인 전제정에 이르는 자연 상태와 대립시키는 것이죠.[32] 명칭에 관한 원문상의 증거들은 쉽게 제공될 수 있는 것입니다.

이러한 발생의 장치를 바탕으로 해서 순수 자연 상태라는 진짜 기원의 지위는 문제화되며, 말하자면 오인/몰인지 가능한 것이 되는 것입니다. 다시 말해서 거기서 자연권 철학자는 말 그대로 자기가

---

31) *Discours sur l'origine de l'inégalité*, p. 170. [김중현 옮김, 『인간 불평등 기원론』, 104쪽.]
32) *Ibid.*, p. 191. [같은 책, 129쪽.]

있을 곳을 모르게 됩니다. 그러한 순수 자연 상태에서 시작하는 것이 필요한 이유는 그것이 낡은 기원에 대한 비판을 불러일으키기 때문입니다. 또한 순수 자연 상태의 분리가 고전적인 단선적 발생의 장치에 대한 개조를 자극하기 때문입니다. 달리 말해서, 불연속성의 계열 전체와 이질적인 발생 형식을 자극하는 것은 시작에서 고립돼 있다는 그 사실입니다. 그런데 순수 자연 상태는 하나의 역설적인 위상을 갖는 것입니다. 왜일까요? 첫째는 기원은 기원이어야 하기 때문이고, 둘째는 기원이 우리가 알고 있는 결과 자체를 추상적 형식으로 내포해서는 안 되기 때문입니다. 귀결은 이렇습니다. 그러니까 기원은 결과가 아닌 것, 즉 결과의 부정, 결과의 무이어야 합니다. 이렇게 순수 자연 상태는 루소에게는 필연적으로 사회의 무, 사회적 관계의 무, 사회성의 무, 자연권의 무, 자연법의 무 등등의 구체적 형태가 될 것입니다. 무를 어떻게 나타낼까요? 루소는 그것을 이렇게 나타냅니다. 즉 루소는 무에 구체적 형태화를 부여합니다. 그것은 헤겔적 의미로 *Gestaltung*(게슈탈퉁)이라고 부를 만한 것입니다. 이는 그러한 부정의 실현인 것이지요. 여기서 저는 개략적인 윤곽들을 그려 보고자 합니다. 루소가 나타내 보려고 한 것은 인간인데요. 하지만 한 명의 인간으로서의 인간은 아닙니다. 그러한 인간에 의해서 과거에는 본질적 방비책이 취해졌던 것입니다. 기원에 대한 결과의 투사를 넘어서지 못하게 하는 본질적 방비책들 가운데 하나인 것이죠. 루소가 의도하는 것은 오히려 동물로서의 인간인데요. 그러면서도 어떤 의미에서는 동물에도 미치지 못합니다. 왜냐하면 이 인간은 동물들이 갖추고 있는 몇 가지 능력들을 갖추고 있지 않으니까요. 특히 까마귀들은 하나의 언어를 가지고 있는 데 반해 순수 자연 상태에 있는 인간은 말을 하지 못합니다. 그러나 또한 동물 이상이기도 합니다. 예컨대 미분화된 본능을 갖고 있다는 점에서 그렇습니다. 그는 무엇이건 먹고 살 수 있습니다만 동물들의 경우는 그렇지 않죠. 그러니까 동물적 상태에 있는, 즉 분산分散과 고독 속에서 살고 있는 인간인 것입니다. 분산은 고독의 한 양상인 것이죠. 그러니까 이러한 인간은 욕구의 순간, 생존의 순간, 성적 관계의 순간, 게다가 죽음의 순간이라는 순간의 순간성 속에서 살고 있습니다. 이를테면 의식하지 않은 채 죽음을 맞이하며, 마찬가지로 의식하지 않은 채 생존해 가는 것입니다. 또 우발적인 방식으로만 다른 인간들을 마주치는데요. 그래서 이 마주침은 그들 간의 어떠한 지속적인 유대도 확립하지 않습니다. 숲 속에서 살아가는 이러한 인간을 두 번 마주칠 수는 없는 까닭입니다. 마주침은 다음과 같은 규칙을 따르는 셈인데요. 당신은 저를 두 번 이상 마주치지 않을 것이며, 당신이 나를 마주칠 때마다 당신은 나를 잊어버린다. 그래서 이 모든 구체적 형태화들로부터 우리가 얻게 되는 것은 이런 것이죠. 어떠한 이성, 사회성, 욕구, 언어도 인간들을 접근시키지 못한다. 왜냐하면 그 모든 것들은 존재하지 않기 때문입니다. 그러한 인간이 절대적 고독의 상태에서 살 수 있게 하는 어떤 조건이 있는 것입니다. 즉 그러한 인간이 루소가 자연이라고 부른 것과 유지하는 관계라는 조건이 그것입니다. 그 자연은 분명 물리적 자연입니다. 다시 말해서 물리적 자연이 인간과 유지하는 관계라는 조건이 있는 것입니다. 이제 이러한 자연은 명백히 아주 특별한 것이 됩니다. 계절이 존재하지 않는 자연이기도 하고요. 언제나 좋은 날씨라는 말이죠. 즉 인간에게 조금도 적대적이지 않은 자연입니다. 동시에 직접적으로, 손닿는 데에서 식량——손을 내밀어 따낼 수 있는 열매들——과 쉼터를 제공하는 자연입니다. 나무그늘도 있겠고요. 그가 야생의 맹수들에게 쫓기는 경우라면 나무가 은신처가 될 수도 있겠죠. 그러니까 이 자연은 숲입니다. 『인간 불평등 기원론』에 나오는 루소의 숲은 하나의 대상이 아니라 하나의 개념이라고 주장할 수 있다는 게 제 생각입니다. **숲이란 자연 상태의 진리이자, 순수 자연 상태의 개념입니다.** 그것은 그러한 고독의 실현 조건, 비사회의 실현 조건입니다. 고독, 비사회 같은 것들이 인간을 정의하는 것이죠. 자양분을 주고 보호해 주는 충만한 숲인데요. 그 이유는 인간들에게 필요한 모든 것들을 그 순간에, 직접적으로, 무노동으로 제공하기 때문입니다. 하지만 동시에 숲은 텅 비어 있습니다. 무엇보다도 텅 빈 이유는 장소가 없는 공간이기 때문입니다. 숲은 내일도 없이 분산과 단순한 마주침의 무한하고 텅 빈 공간입니다. 숲은 장소 없는 공간, 토포스*topos* 없는 공간입니다. 이러한 숲의 공간은 언제나 현재적이면서도, 즉 언제나 먹을 것이 있고 은신처가 되면서도 언제나 부재합니다. 이는 순수 자연 상태가 취하는 실존의 실현인 것입니다.

이제 중요한 것은 숲에의 호소가 그러한 순수 자연 상태를 구체적으로 형태화하기 위해서 루소에게 없어서는 안 되는 것이라는 점입니다. 루소가 순수 자연 상태의 실존 가능성의 조건들을 찾아야 하고 발견해야 할 곳은 숲의 자연에서인 것입니다. 확실히 루소가 제대로 알고 제대로 사고해야 하는 것은 어떠한 사회적 유대도 없는 비사회적 인간들의 실존이 어떻게 가능한지이기 때문입니다. 제가 여러분들에게 말씀드렸던 것처럼 루소가 분리를 사고하고 순수성을 사고했다고 할 때 우리는 다음과 같은 물음에 직면하게 됩니다. 그러한 분리를 사고한다는 것은 무엇인가? 그것은 바로 비사회성, 즉 유대들의 완전한 부재 및 타인들과 더불어 있는 인간들의 완전한 부재를, 완전한 고독을 사고한다는 것입니다. 이러한 고독을 가능하게 하는 가능성의 조건들이란 무엇일까요? 그것을 잘 생각해 보아야 하는데요. 그러한 가능성 조건의 개념은 바로 숲이고 자연인 것입니다. 이러한 형식의 자연 말입니다. 따라서 순수 자연 상태를 사고할 수 있게 해주는 것은 바로 자연뿐입니다. 다시 말해서 자연의 특정한 배열, 계절들의 영속성, 요컨대 계절들의 부재를 더한 숲이 바로 그것입니다.

　　반면에 매우 중요한 귀결점이 있는데요. 그것은 ── 루소의 추론이 지닌 요구들로 인해 ── 발생의 장치 전체에서 인간과 자연의 관계가 전면에 놓인다는 점입니다. 자연은 순수 자연 상태에서부터 이론에 도입됩니다. 제가 말하고자 하는 것은 물리적 자연인 것이죠. 자연이 순수 자연 상태에 도입되는 것은 사회의 영도 상태에서, 사회의 무의 상태에서 인간성을 사고하기 위한 사회의 대체물로서입니다. 숲이란 비사회의 사회라고 말할 수 있으며, 루소 사상에 있는 그러한 이론적 요구들 때문에 발생에 도입되는 자연은 그 발생에 남아 마지막까지 결정적 역할을 하게 될 것이라고 말할 수 있습니다. 이는 루소에게서 기원의 이중화가 갖는 가장 놀라운 효과들 가운데 하나인 것입니다. 원환의 거부, 기원에 결과를 투사하는 것의 거부, 달리 말해서 기원에 붙는 모든 사회적 성질의 거부는 그러한 공백을 메우고 그 공백이 실존할 수 있음을 승인하기 위한 해법으로서 물리적 자연을 향한 부름을 자극하는 것입니다. 무의 실존이 바로 자연이고 숲인 것이죠. 자연이 순수 자연 상태에서 신비한 형태를 띤다는 것은 별로 중요하지 않습니다. 중요한 것은 자연이 체계 안에 도입된다는 점, 필연적으로 체계 안에 도입된다는 점입니다. 거짓 기원에 대한 비판으로써 엄금했던 그것의 대체물로서 말이죠.

이렇게 순수 자연 상태가 모든 사회적 범주의 무로서 사고되는 한, 그 순수 자연 상태는 기원, 좋은 기원이어야 하는 것입니다. 역설적 상황이죠. 순수 자연 상태가 기원이라면 그것은 무언가의 기원, 결과의 기원이어야 하는데, 동시에 그것은 그 결과가 지닌 어떠한 특색도 그 자체 안에 가져와서는 안 됩니다. 이 문제를 해결하기 위해서는 어떻게 해야 할까요? 자, 루소는 특히 두 가지 방법으로 그것을 해결합니다.

첫째로, 루소는 순수 자연 상태에 속한 인간에게 여러 특질들을 귀속시키고자 합니다. 네 가지 특질들이 있는데요. 그 가운데 세 가지는 실정적 특질들이고, 그러한 특질들이 지닌 특질로서 나머지 하나가 있습니다. 처음 세 가지는 자기애, 자유, 연민입니다. 이러한 특질들의 특질인 마지막 하나는 바로 완전화 가능성입니다. 이 네 가지 특질들 가운데 중요한 것은 자기애와 연민의 쌍인데요. 왜냐하면 미래의 자연권, 자연법, 이성의 잠재적 중핵을 나타내는 것이 바로 그 쌍이기 때문입니다. 동물들에게 속하는 것이면서 인간에게도 속하는 것이라고 루소가 말했으므로, 순수하게 동물적이라고 말할 수 있는 자기애와 연민의 쌍을 내세움으로써, 루소는 자연권과 자연법을 이성과 동일시하는 고전적 테제를 기각하는 것입니다. 그러니까 루소는 이성보다 앞서는 하나의 기초를 자연권에 부여하고자 하는 것입니다. 왜냐하면 이성이란 인간 역사의 발전의 결과로 생겨난 것이기 때문이죠.

그러니까 루소는 나쁜 기원과는 전혀 다른 것을 기원에 놓는 것입니다. 즉 루소는 종점에 가서 되찾을 것이 아닐 동물적 움직임들을 기원에 놓은 것이죠. 특히 그 형식에서 동물적 실존을 띠는 마음, 이름하여 연민을 거기에 놓는 것입니다. 이 주제와 관련해 『인간 불평등 기원론』에 나오는 모든 것을 다룰 수는 없습니다만, 루소가 스스로 떠맡은 일로, 그 두 가지 모순된 요구들을 어떻게 풀어내는지를 살펴보는 것은 흥미로운 일임에 틀림없습니다. 좀 더 나아가 보겠습니다.

연민의 고유성은 자연 상태에 존재하는 단 하나의 관계라는 점에 있습니다. 자신의 동류에 대한 동정심은 순수하게 부정적인 하나의 관계일 수밖에 없습니다. 인간들을 결속시키지 못하죠. 연민은 다른 데서는 마주칠 일이 없는 그 인간들을 결속시키지 못하며, 인간들이 마주치는 경우에는 그저 서로를 해치는 것을 막을 뿐입니다. 제가 강조하고 싶은 것은 그것이 하나의 부정적 관계라는 것인데요. 그러니까 연민은 사회성, 사회적 욕구, 타인들에 대한 욕구가 아닌 것입니다. 절대 아니죠. 그것은 단순히 동정심, 타인들에게 해를 입히지 않기, 자기 자신의 종에 속한 한 존재자에게 고통을 주지 않기에 불과한 것입니다. 따라서 순수하게 부정적인 것이죠. 그렇기 때문에 만약 인간들이 마주친다면 행해지는 것입니다. 제가 "만약 인간들이 마주친다면"이라고 말한 것은 자연 상태에서 인간들은 실제적으로는 마주치지 않기 때문입니다. 바로 이 점이 루소가 가진 가장 놀라운 역설인 것입니다. 루소가 자연 상태에 속한 인간들에게 부여한 근원적 특질들은 실제적으로 거기서 아무런 실존도, 아무런 용도나 의미도 지니지 못합니다. 가령 루소가 인간에게 할당한 자유는 다른 여러 형이상학적 특질들과 마찬가지로 자연 상태에서 어떠한 실존도 절대 갖지 못하므로 자유가 자연 상태에서 하는 역할은 절대 확인되지 않습니다. 거기서 자유는 그저 대기하고 있는 것으로 아무짝에도 쓸모가 없는 것입니다. 연민 역시 실제적으로는 아무런 실존도 가지지 않습니다. 실제적으로 그렇다는 것입니다. 왜냐하면 인간들은 실제로 마주치지 않기 때문입니다. 어떠한 경우에도 두 번 마주치지 않죠. 연민도 또한 대기하고 있는 것입니다. 완전화 가능성으로 말할 것 같으면, 그것은 도무지 행사될 기회가 없습니다. 완전화 가능한 인간들이 살고 있는 자연 상태의 고유성은 모든 진보를 금하면서 그 자체를 반복하는 데 있기 때문이죠. 따라서 여하한 결과로부터 분리된 기원을 사고해야 하는 그 역설에 대한 루소의 해결 방식은 인간에게 특질을 귀속시키되, 첫째로는 비사회적인, 특히 동물적인 특질들을 귀속시키고, 둘째로는 완전화 가능성으로 불리는 잠재성들의 잠재성을 포함해 이론적으로나 실제적으로나 잠재적인 특질들을 인간에게 귀속시키는 것입니다. 인간들에게 귀속된 그 완전화 가능성은 순수 자연 상태에서는 쓰이지 않는 것으로서 특별히 선언된 것일 뿐입니다. 순수 자연 상태에서 인간들은 하는 일 없는 특질들을 가지고 있는데요. 거기서는 사회계약의 세계에서 되찾아질 수 있기를 단순히 기다릴 뿐입니다.

이상이 바로 첫 번째 해법인데요. 그런데 두 번째 해법은 훨씬 더 인상적입니다. 바로 이 두 번째 해법을 통해서 루소는 기원을 정립하되 그 결과에서는 탄생의 연속성이 아예 차단되는데요. 이는 순수 자연 상태가 스스로 발전함에 있어서 전적으로 무력하다는 것을 나타냅니다. 기원은 제가 그린 원환 안에 자리하고 있는데, 이는 인간과 자연의 완전한 적합성을 뜻하는 것입니다. 그러니까 자연은 좋은 것이죠. 거기서 인간들은 아주 잘 있다는 것입니다. 그리고 무한정 이렇게 돌면서 그 어떤 것도 이로부터 빠져나오지 못하게 됩니다. 기원은 자신의 내적 본질의 논리 때문에 자기로부터 빠져나올 수 없습니다. 순수 자연 상태의 내적 본질은 자기 스스로 발전할 수 없다는 것입니다. 그러니까 기원의 내적 본질은 어떠한 결과도 생산할 수 없다는 것이며, 이로써 루소는 기원을 결과**로부터** 가장 잘 지켜 내는 것입니다. 이 사소한 "로부터"에서 그는 발전 아닌, 이어짐 아닌, 이어짐 없는 하나의 상태를 잘라 내는 것이죠. 그 경계에서 기원은 아무것도 아닌 것의 기원인 것입니다. 그 경계에서 기원은 부정의 형식 자체에서 정립됩니다. 자, 루소는 이렇게 말합니다. "완전화 가능성, 사회적 덕성들, 여타의 능력들 등 자연인이 잠재적 역량으로 품고 있었던 이러한 것들은 자체적으로는 결코 발전할 수 없다는 점, 그러한 발전을 위해서는 다수의 외부 원인들 ── 전혀 생겨나지 않을 수도 있었던 원인들, 그리고 그것들이 없었다면 인간이 영원히 그 시초의 조건 속에 머물러 있었을 그러한 원인들 ── 의 우연한 중첩을 필요로 한다는 점을 보여 주었으므로…."[33] 제가 살펴고자 하는 건 그 다음인데요. 루소를 읽고 있는 우리는, 루소에 대해 말하고 있는 우리는 이 기원이 "아무것도 아닌 것의 기원"이지만 현재의 인간 사회의 기원임을 알고 있습니다. 그러니

---

33) *Ibid.*, p. 162. [같은 책, 91쪽.]

까 우리는 어떤 결과가 벌어졌음을 알고 있는 것입니다. 그리고 그 실존 조건들이 부정을 구성하는 이 기원과, 어떠한 것도 산출할 역량이 부재한 이 기원이 갖는 결과 사이의 대조가 바로 기원이 지닌 역량 부재에 의미를 부여하고 그 벌어졌음에, 벌어진 그 결과에 의미를 부여하는 것입니다. 기원의 역량 부재란 직선적 발생의 거부, 다시 말해 본질의 분석에 대한 거부를 뜻한다는 게 제 생각인데요. 따라서 이는 그 기원의 구조에 모든 결과와의 근본적 분리를 기입함을 뜻합니다. 다른 사고, 분리의 사고의 기입인 것이죠. 이제 우리는 한 발짝 나아간 셈입니다. 다시 말해서 근원적 상태의 본질에 대해 이질적인, 사건들에 대한 사고, **벌어졌음**에 대한 사고인 것입니다. 이를 위해 사건들은 전혀 생겨나지 않을 수도 있었던 원인들, 그리고 그것들이 없었다면 인간이 영원히 그 시초의 조건 속에 머물러 있었을 그러한 원인들의 우연한 중첩을 필요로 했던 것입니다. 이는 단순히 사건들에 대한 사고인 게 아니라 사건들의 우연성에 대한 사고입니다. 달리 말해서 일어남, 벌어짐에 대한 사고이며, 그만큼 그러한 사건들에 의해 산출된 필연성에 대한 사고, 요컨대 불가피하게 우회하는 사고, 주위를 돌면서 불가피하게 역사 비슷한 무언가 쪽으로 향하는 사고인 것입니다. 그런데 루소에게서 문제화되는 것은 단순히 우리가 얼마간 언급해 왔던 그 순수 자연 상태가 아닙니다. 그것은 자연권 철학의 주요 범주들 전체입니다. 이처럼 자연권과 자연법, 이런 것들을 구성하기 위해서는 자연 상태의 물질적 발생 전체가 필요합니다. 그런 것들은 단순하게는 (2)번 상태의 끝과 전쟁 상태에 휩싸이기 직전인 (3)번 상태의 시작에서 유효한 것으로 되기 시작하는데요. 이를 위해서는 제가 말씀드렸다시피 자연권의 잠재적 원리가 구체화하도록 하는, 달리 말하자면 연민이 도덕성이 되도록 하는 외부 조건들이 실현되어야 하는 것입니다. 어째서 외부 조건들인 걸까요? 왜 이러한 우연들이 개입하는 걸까요? 순수 자연 상태의 내부 조건들 같은 경우는 자체적인 발전의 역량이 부재하기 때문이죠. 또한 그렇다면 인간들이 모이게 하고 다른 것으로 되게 하기 위해서는, 그러니까 인간들에게 필요한 것들을 마련하고 그럼으로써 그것들을 탈바꿈하고 또 인간들 사이에서 최초의 사회성의 몸짓들을 그려 내기 위해서는 우주적 규모의 거대한 우발 사건들의 형식에 의한 외부 자연의 개입이 필요하기 때문입니다.

　　　순수 자연 상태가 분리된 것으로, 그러니까 자동운동, 자동발전의 내적 논리가 없는 것으로 정립되는 시점부터 전前사회적인 자연권 원리들은 외부 조건들의 효과에 의해서만 발전할 수 있는 것입니다. "구체화"한다는 것, 즉 '연민이 구체화한다', '연민이 도덕성의 형식을 띤다'에서 구체화한다는 것은 루소에게 매우 명확한 무언가를 의미하는 것입니다. 이는 외부적 강제들에 의해 산출되고 처방된 형식들 속에 기입됨을 의미합니다. 이 때문에 자연권, 자연법, 사회성과 같은 그러한 통념 실재들은 문제적인 것처럼 보일 수밖에 없습니다. 사회성, 이성, 언어도, 전쟁 상태도 마찬가지인 것이죠. 그만큼 문제적인 상태들 내지 능력들인 것입니다.

　　　여기서 문제 설정이란 표현으로 무엇을 말할 수 있는 걸까요? 두 가지 것이 있습니다. 첫째로, 루소는 그러한 통념들이 자연권 철학에서 자명한 것이었다는 사실을 문제 삼는다는 것입니다. 루소는 그러한 통념들이 자연권 철학에서 현존의 명증함 속에 주어져 있었다는 사실을 문제 삼고 이를 기원의 원환에 대한 자신의 고발 속에서 공표한 것입니다. 따라서 그 통념들은 이러한 첫째 의미에서 문제적이므로 그것들은 재검토되고 문젯거리가 되는 것입니다. 그런데 이 통념들은 다른 의미에서도 문젯거리가 되는데요. 우리에게 훨씬 더 중요한 게 이겁니다. 여기서 그러한 통념들이 문제적인 이유는 그것들이 첫째 지적에서 초점으로 삼은 물음인 본질의 물음과는 전혀 다른 물음을 제기하기 때문입니다. 그 통념들은 본질의 연속성이 끊어지고 본질의 분석이 포기되는 시점부터 실존의 물음이 되는 하나의 물음을 제기합니다. 여기서 문제가 되는 것은 바로 실존 자체, 그러한 본질의 형식이 가지는 실존 조건들입니다. 그렇다면 문제성이란 실존 물음의 제기, 즉 도래의 형식들, 벌어짐의 형식들, 실존의 돌발 형식들에 대한 제기인 것입니다. 그리고 바로 이때부터 발생은 실재적 발생이 되고 물질적으로 구별되고 물질적으로 구별할 수 있는 실재 현상들이 갖는 실재적 시간 속에서 행해지는 것이 됩니다. 설사 루소가 말한 시간이 신비스럽게 보일지라도 말이죠. 그리고 이때부터 루소의 담론 속에는 새로운 개념들이 나타납니다. 우발 사건, 우연성, 사건, 원인들의 축적, 실존 등과 같은 개념들이 그것들입니다. 또한 여타 루소의 개념들을 사고할 수 있게 하는 개념들인 구성, 돌발 등의 개념들이 있습니다. 그러나 무엇보다도 이 모든 재검토 및 문제화의 과정에서 우리는 물리적 자연의 결정적 역할이 발생 속에서 개입함을 확인하게 됩니다. 자연의 순수한 상태의 경우에서 그런 것처럼 물리적 자연이란 기원이 그 생산 역량을 갖지 못하는 갖가지 형식들이 실존하고 출현하는 조건들을 창조하는 역할을 하는 것입니다. 이는 제가 볼 때 루소에게 근본적인 사항이 된다고 생각합니다.

그렇다면 인간의 발전에 관한 모든 변증법은 인간과 자연의 관계가 지닌 변증법에 의해 조건 지어진다고 말할 수 있습니다. 실제로 우리는 시작을 보호하고 양육하는 불변의 자연 이후에 그 처음에서부터 거대한 우발 사건들이 두드러지는 파국적인 자연이 나타남을 보게 됩니다. 이는 인간들에게는 매정한 자연인 것이죠. 또한 이 자연은 인간들에게 세 가지 접합된 효과들을 미치게 되는데, 이 때문에 인간들은 함께 살아가기 시작하는 것입니다.

첫 번째 효과는 자연이 인간들을 물리적으로 서로 접근하도록 강제하게 된다는 것입니다. 자연은 인간들을 한데 모이도록 하면서 물리적 접촉에 이르도록 강요합니다. 예컨대 루소는 사회들이 거대한 파국들을 거친 뒤에 섬들에서 탄생했다고 생각합니다.[34]

둘째로, 자연은 인간들의 특질들을 발전시켜 인간들의 필요를 충족할 수 있도록 강제하는데요. 계절들의 흐름이 변화하게 되는 한, 자연이 이전과 같이 너그럽지 않게 되는 한 인간들은 일을 하지 않을 수 없고 서로 돕지 않을 수 없는 것입니다.

그러므로 자연은 셋째로, 인간들이 서로를 도와 필요를 충족시키도록 강제한다는 것입니다. 자연과 인간들 사이의 이러한 간극과 분리, 그러니까 순수 자연 상태에서는 자연과 인간들 간의 분리가 없었는데 말이죠. 이 간극과 분리에서 관찰, 이성, 언어, 사회적 교환, 정

---

34) "대홍수와 지진으로 인해 사람이 거주하는 지역들이 물과 낭떠러지로 둘러싸이게 되었다. 지각 변동이 일어나 대륙의 일부가 섬으로 갈라져 나왔다."(*Ibid.*, p. 168) [같은 책, 99쪽.]

넘 등등의 최초 형식들이 접합되어 생겨나게 되는 것입니다. 오랜 시간이 흐른 뒤에 개간지들 위에 오두막이 나타남을 볼 수 있게 될 텐데요. 인간들이 그러한 오두막집들을 짓기 시작할 것이란 말입니다. 이는 극도로 중요한 점을 나타내는데요. 왜냐하면 이것이 도입이기 때문입니다. 내부적 공간의 토포스*topos*, 곧 장소의 출현이라는 말이죠. 인간들은 고정된 장소를 가지게 됩니다. 그러한 미분화된 공간 속에 장소가 나타남을 보게 될 것이라는 말입니다. 그것은 오두막집이라는 장소입니다. 독립적 교류와 세계의 발생에 일치하는 계기인 것입니다. 그러니까 이 같은 자연과의 관계가 계속 발생의 뒤를 따르게 됩니다. 야금술의 발견 이후 전쟁 상태에 이르기까지라는 자연 상태의 세 번째 계기에서 말입니다. 농업 및 농업의 발전을 가능케 하는 것이 야금술의 발견이고 대지의 전유는 농업을 뒤따르게 될 텐데, 이는 모든 것을 바꿔 놓게 됩니다. 이를 두 시기로 나눌 수 있습니다. 첫 번째 시기에는 여전히 숲이 존재합니다. 즉 인간들이 숲을 완전하게 전유하지 않은, 여전히 숲 속에 거처를 정하려 하고 또 정할 수 있는 시기인 것입니다. 그리고 이때는 인간들 사이에 예속이 군림하는 일은 벌어지지 않습니다. 두 번째 시기, 그러니까 최종 시기에는 더 이상 숲이 존재하지 않는데요. 이때 비로소 전쟁 상태가 퍼져 나가게 됩니다. 왜냐하면 점유자들이 대지를 전유하려면 다른 점유자들을 제거하지 않을 수 없기 때문입니다. 소유자들 각각은 습격을 당하지 않으려고 경계를 취하게 될 것입니다. 홉스의 전쟁 상태, 즉 보편적이고 예방적인 상태가 인간들 사이에 퍼져 나가게 되는 것입니다. 그런데 여러분들이 보는 바대로 이런 와중에 자연과의 관계는 극도로 긴밀해집니다. 따라서 저는 이렇게 결론 내릴 수 있다고 보는데요. 즉 자연권 철학의 통념들에 대한 문제화는 무엇보다 루소에게 설사 신비스러운 방식일지라도 인간과 자연의 관계를 규정적인 것으로서 개입시킬 필요성을 초래한다는 것입니다. 분명 루소는 인간들이 자신들의 생계 수단을 얻는 방식, 인간들의 생계 수단의 생산 양식에 대해 말하고 있습니다.

　　말하자면 분리된 기원에서 출발하는, 그리고 그 기원이 자기 스스로 발전할 수 있는 역량의 부재에서 출발하는 이 발생의 장치에서 끌어낼 수 있는 귀결점이 한 가지 더 있습니다. 기원이 자기 스스로 발전할 수 없다는 것은 그 기원이 순수하다는 것, 분리되어 있다는 것입니다. 기원이 자신의 실존 조건들, 즉 그 실존 형식들을 전복시키는 외부 원인들의 효과들에 의해서만 발전할 수 있는 것이라면, 필연적으로 그러한 발전은 모순적일 수밖에 없다고 결론 내릴 수 있습니다. 기원적 인간들이 지닌 능력들의 발전이되, 그 능력들을 탈자연화시킬 조건들 속에서의 발전이라고 말할 수 있겠습니다. 그렇다면 여기서 정확히 이해해야 할 것은 루소에게 탈자연화란 도덕적 탈자연화가 아니라는 점입니다. 즉 선량함에서 사악함으로, 어떤 특질에서 다른 특질로, 어떤 속성에서 다른 속성으로, 대립하는 다른 어떤 것으로 가는 탈자연화가 아닌 것입니다. 어떤 것을 그와 상반되는 다른 것과 대립시키기 위해서는 공통의 요소가 있어야 합니다. 가령 선량함과 사악함이 속해 있는 사회적 삶과 같은 요소가 있어야 하는 것입니다. 그러니까 탈자연화는 어떤 것이 동일한 요소 속에서 그와 상반되는 다른 것으로 이행하는 것이 될 수 없습니다. 왜냐하면 기원의 발전은 다른 요소로의 이행이기 때문인데요. 이게 중요한 것입니다. 이 다른 요소로의 이행이 바로 인간들로 하여금 뒤얽혀 살도록 강제하고 필요들을 강제하는 것이죠. 따라서 탈자연화는 필연적으로 다른 요소로의 이행과 결부되는데, 그 요소 속에는 이전의 형식들이 옮겨져서 존재하게 됩니다.

이 다른 요소 ── 즉 인간들의 다양한 접근 형식들 및 자연과의 관계의 함수로 인해 강제된 인간들의 사회성 ── 는 그 자체로는 좋은 것도 나쁜 것도 아닙니다. 자연 상태의 이 다른 요소들 속에서 근원적 요소 및 인간의 근원적 특질들에 대해 강제되는 침강은 탈자연화의 적대적 효과들을 생산합니다. 근원적 특질들은 왜곡되는 조건에서만 발전할 수 있는 것입니다. 근원적 특질들은 그 자체에 대해 점차적으로 오인할 수 있게 되는 지점까지, 즉 전쟁 상태의 종점이라고 할 수 있는, 순수 자연 상태와는 가장 대립하는 상태에 다다를 때까지 발전하게 만드는 그러한 요소에 의해서 변태되는 것입니다. 자, 그러니까 여기서 다시 우리는 홉스나 로크에게서 본 바와 같은 본질의 발생이라는 과정과는 전혀 상이한 과정을 상대하고 있는 것입니다. 실재적 차이의 과정, 탈자연화나 소외의 과정이라는 형식을 취하는 적대적 발전의 과정과 상대하고 있다는 것입니다. 이러한 탈자연화는 바로 기원의 자기와의 분리, 동일성의 비동일성입니다. 기원과 다른 것인 그 결과 안에서, 그 결과와는 다른 결과라고 할 만한 기원이 갖는 발전된 모순인 것입니다.

루소에 관한 이러한 독해의 지표들을 종결짓기 위해서, 제 의견이긴 합니다만, 역사와 관련되고 역사를 중심으로 돌아가는 그러한 사고들이 루소에게서 어떻게 나타나는가를 보여 주고자 합니다. 이는 제가 여러분들에게 말씀드렸던 모든 것과 직접적으로 관련 있는 것입니다. 그러니까 하나의 자연권 이론의 형태로, 또한 진짜 기원에 관한 이론의 형태로, 그리고 우리가 목격한 기원의 비판적 이중화를 이용해 우리가 확인하게 되는 것은 루소에게서 무엇인가 해방되는 것이 있다는 것입니다. 루소가 이를 의도적으로 행한 것이라고 말하지 않겠습니다. 그것은 저절로 이루어지고 그저 그렇게 저절로 행해지는 것입니다. 우리는 루소에게서 하나의 사고가 해방됨을 확인합니다. 이 사고는 자연권 철학과는 꽤나 무관한 것이죠. 철학이 겨누지 못한 것이자, 자연권 철학에 의해 지향된 사고가 아닌, 아마도 루소에 의해서조차도 전혀 지향되지 않았을 사고인 것입니다. 이러한 사고를 저는 역사에 대한 사고 내지는 하나의 역사를 위한, 즉 역사 개념을 가공하고 다듬어 내기 위한 사고들, 역사 개념을 다듬어 내기 위한 사고들이라고 부르고자 합니다. 끝으로 제가 지적하고자 하는 바는 이렇습니다. 좀더 가까이서 살펴본다면 우리가 직면하고 있는 것은 역사 개념을 다듬어 내기 위한 사고의 단일체가 아닙니다. 우리가 직면하고 있는 것은 이중체, 달리 말해 역사를 위한 이중의 사고, 역사에 관한 이중의 사고인 것입니다. 이러한 사고의 이중성을 한데 모을 수 있는 것은 무엇보다도 순수 자연 상태에서 행해지는 것과 시민적 상태에서 행해지는 것을 관련짓는 하나의 분할에 의한 것입니다. 달리 말해 순수 자연 상태와 사회계약의 상태를 관련짓는 것이지요. 즉 우리는 기원과 종말을 관련짓습니다. 루소에게서 기원과 종말/끝이라고 부를 수밖에 없는 것인데요. 그러한 기원과 그 종말을 분리시키는 급변이 무엇이든지 간에, 우리는 그 종말/끝에 이르러 있습니다. 우리는 그 종말/끝에 있고 거기서 그 밖에는 아무것도 할 수가 없는 것입니다. 가령 이 모든 것이 우연(성)이라고 할지라도 그렇습니다. 우리는 거기에 있고 바로 거기서 사회계약이 개입하는 것입니다. 이는 인간의 탈자연화이자 탈자연화의 탈자연화입니다. 이때 시작부터 끝까지의 그 과정은 적대적인 과정처럼 나타납니다. 왜냐하면 그것은 탈자연화의 과정인 동시에 또한 목적론적인 과정이기 때문입니다. 그 끝에서 복원된 기원이기 때문이라는 말입니다. 그러므로 루소는 부정의 부정이라는 범주하에서 역사를 사고하고 역사적 과정을 자연이 부정되는 적대적 발전의 과정으로 사고한 최초의 이론가라고 말할 수 있습니다. 부정은 부정되고 근원적 자연은 새로운 기초들 위에서 복원된다는 말입니다. 자, 그런데 이러한 테제를 제시했던 이론가는 바로 엥겔스인데요. 제가 여러분들에게 그것을 읽어드릴 시간은 없습니다만, 여러분은 『반뒤링론』169쪽에서 171쪽까지, 세 페이지에 걸친 곳에서 이에 관한 부분을 찾아보실 수 있을 것입니다.[35] 여기서 엥겔스는 그러한 테제를 옹호하고 있는 것이죠. 저는 여러분께 그 끝부분만 읽어드리도록 하겠습니다. "우리는 따라서 마르크스의 『자본』에서 전개된 것과 혼동되리만큼 빼닮은 사고 방식을 루소에게서 발견할 뿐 아니라 그 세부에서도 마르크스가 사용한 일련의 모든 변증법적 표현들을 보게 된다. 본성상 적대적이고 모순을 포함하는 과정들, 극단에서 그 반대물로의 전환, 마지막으로 총체가 지닌 핵심으로서 부정의 부정."

　　부정의 부정, 이는 『인간 불평등 기원론』의 모든 것인 셈입니

---

35) Engels, *Anti-Dühring*, chap. XIII, *op. cit.*. [프리드리히 엥겔스, 최인호 옮김, 「오이겐 뒤링 씨의 과학 변혁("반-뒤링")」, 『칼 맑스/프리드리히 엥겔스 저작 선집』 제5권, 156~157쪽.]

다. 저는 이러한 테제가 논쟁적인 쓰임을 가질 수 있다고 생각하는데요. 아마도 루소에 대해서는 이 테제가 옹호될 수 있을지 몰라도 그 테제를 마르크스에 접근시키는 것은 다소 의심스럽다는 것입니다. 루소에 관한 한, 저는 단적으로 이렇게 말하고자 합니다. 단순하게 처음엔 자연을 말하고, 그 다음엔 탈자연화의 탈자연화, 즉 새로운 요소를 바탕으로 한 자연의 복원을 말함으로써 부정의 부정을 중시하는 것은 루소 자체 안에서 ──그러니까 저는 루소에 대해 말할 뿐이지 우리가 루소에 대해 말할 수 있는 것에 대해서는 말하지 않고 있습니다── 그 과정의 실존 조건들이라는 가장 중요한 테마를 사상抽象했기 때문이라고 말입니다. 그러니까 이러한 실존 조건들은 대체로 루소에게서 사고되고 있는데요. 알다시피 물리적 자연 개념하에서 인간과 자연의 관계들에 의해 사고되는 것들입니다. 달리 말해 부정의 부정, 탈자연화의 탈자연화 등의 과정이 가정하는 근본적 내부성은 다음과 같은 사고에 의해 억제되고 있습니다. 즉 내부성의 과정을 사고할 수 있기 위해서는 외부성을 정립해야 하고, 외부성에 대한 사고가 순수한 내부성의 과정이 가능하기 위해 필요하다는 것입니다.

이러한 형식의 해석, 즉 이러한 형식의 역사를 위한 사고에 관해서는 더 길게 말하지 않겠습니다. 저는 그 대신에 다른 것, 즉 루소에게 존재하고 있는, 보다 중요하고 보다 독창적인 것으로 보이는 것에 대해 지적하고자 합니다. 그리고 이 역시 제가 지난번에 말씀드렸던 것과 마찬가지로 그동안 부각된 적이 없었던 사고라고 말할 수 있을 것입니다.

첫째, 루소에게 나타난 이러한 발생 전체를 검토해 본다면 루소에게서 세 가지 형식을 취하는 기원 없는 시작들이 있다는 것을 감지하게 됩니다. 그 하나는 우발 사건들인데요. 발전에 관한 내적 변증법의 부재인 그러한 사태가 어떻게 개입하는지를 보기 위해 우리가 꽤나 많이 언급했었죠. 외부의 우발 사건들이 개입하면서 시작하고 그보다 앞서서는 진척이 되지 않습니다. 기원 없는 시작의 두 번째 형식은 매우 기묘한 현상들 속에서 산출되는 돌발들입니다. 그 현상들은 원환들인데요. 하지만 우리가 지금까지 다뤄 왔던 원환들과는 다릅니다. 이 원환들은 루소가 언어, 이성, 발명들의 기원에 대해 언급할 때 나오는 것들입니다. 매우 명확한 이 세 가지 예들 각각을 검토하면서 매번 루소는 하나의 이율배반을 전개하고 결과가 산출되려면 그 결과가 필요하다고 설명합니다. 즉 언어에 관한 지식은 언어의 확립에 필요하다. 왜냐하면 말이 일치되기 위해서는 인간들 사이에 규약이 통용되고 있어야 하기 때문입니다. 그러니까 인간들이 말할 수 있으려면 그들이 말하고 있어야 한단 얘기입니다. 이성에 대해서도, 발명들에 대해서도 사정은 같은데요. 발명들의 경우에는 그 논법이 좀더 치밀한 편이어서 흥미롭습니다. 루소가 말하길 인간들은 우연히 무언가를 발명할 수 있게 되고 우연히 어떤 발견을 할 수 있게 되는데요. 하지만 사회 상태, 사회적 망이 충분히 긴밀하고 조밀하지 못하기 때문에 발명은 이뤄지자마자 즉각 잊혀지게 될 것입니다. 아주 단적으로 말해서 발명은 보존하고 발전시킬 실천들의 체계 속에 자리잡는 데 이르지는 못할 것이기 때문입니다. 결론적으로 사회 발전에 필수적인 발명이 존재하기 위해서는 사회가 요청되는 것입니다. 따라서 우리는 이런 종류의 모든 일련의 원환들과 관계를 가져야 하는 것입니다. 루소는 이런 종류의 원환들 — 우리가 기원에 관하여 얘기해 왔던 것과는 전혀 다른 것들이죠 — 을 상대할 때마다 돌발의 형식이 아니라면 사고되기 어려운 어떤 해법을 개입시킬 수밖에 없습니다. 달리 말해 루소는 그 이유를 알지 못하지만 사태는 정지됩니다. 즉 원환은 끊어지고 사건 위에서 무언가가 행해지는데 결국 실존이 부여됩니다. 다시 말해서 그 현상은 마지막에 가서는 실존, 지속적 실존에 도달하는 것입니다. 그렇습니다. 됐습니다. 이것이 바로 제가 가능하다면 돌발이라고 칭하고자 하는 것인데요. 루소가 이런 종류의 원환의 형식들로, 즉 '…**하게 될 수 밖에 없었을 것이다' 식으로** *il aurait fallu que, etc.* 현상들을 나타내는 대부분의 경우에서 우리는 항상 돌발의 징표와 상대하고 있는 것입니다.

　　　루소에게서 나타난 셋째 유형의 현상은 바로 시간의 창조적 성격이라고 부를 수 있을 만한 것인데요. "세심한 독자들이라면 누구나 이 두 상태를 분리시키고 있는 광대한 공간에 놀라지 않을 수 없을 것이다. 철학자들이 해결할 수 없는 도덕과 정치의 무수한 문제들에 대한 해법을 독자들이 맞이하게 되는 것은 바로 사태들의 이러한 긴 연속 속에서이다. 독자들은 특정 시대에 속한 인간 종이 다른 시대에 속한 인간 종과는 다르다는 점을 느끼게 될 것이다."[36] 사태들의 긴 연속, 세월의 무한한 지체, 시간의 무한성이 루소에게는 달리 해결할 수 없는 모든 종류의 문제들에 대한 해법인 것입니다. 달리 말해 시간은

---

36) *Discours sur l'origine de l'inégalité*, p. 192. [김중현 옮김, 『인간 불평등 기원론』, 130쪽.]

생산적 능력을 타고나는 것입니다. 즉 시간은 특히 원환의 문제들을 해결할 능력이 있고 우발 사건들의 뒤를 잇는 구실을 할 수 있는 능력이 있습니다. 달리 말해서, 우발 사건들에서 시간의 생산성까지, 여러분께서는 거기서 무언가의 사건 내지는 시작이라고 부를 만한 것을 사고할 수 있게 하는 일련의 단계들 전체를 확인하고 있는 것입니다.

제가 중요하다고 여기는 두 번째 범주는 루소에게서 용어들을 통해 사고되는 것은 아닙니다만, 그 사고 자체는 루소 안에 있는 것입니다. 역사적 효력을 지니는 우연성 전체가 필연성으로 전환되는 과정이 바로 그것입니다. 이는 역사의 본질이라고도 말할 수 있는데요. 요컨대 역사적인 것은 필연적이며, 필연적인 것은 필연으로 전환된 우연적인 것에 속해 있다는 것입니다. 우리가 살펴본 모든 우발 사건들이 그렇고, 또한 원환들 속에 있는 모든 돌발들이 그렇습니다. 계약 역시 마찬가지입니다. 중요한 역사적 요소가 개입할 때마다 새로운 역사적 요소, 역사 속의 새로운 요소라고 부를 만한 것이 모습을 드러내는 것입니다. 달리 말해서 상이한 수준들 사이에서 이행하는 것인데요. 하나의 수준에서 다른 한 수준으로 이행하는 것입니다. 우연성은 필연성으로 전환하지만, 새로운 우연성에 의해 창조되는 필연성은 그 이전의 것과 같은 것이 아닙니다. 정도들의 차이가 있는 것이며, 필연성들 간의 여러 수준들이 있는 것입니다.

세 번째로 중요한 점은 필연성 내부에 있는 적대적 발전이라고 하는 것일 텐데요. 제가 좀 전에 말씀드렸던 조건, 즉 절대적으로 규정적인 외부 조건들과 관계하게 된다는 조건에서 그렇다는 얘기입니다. 여기서 덧붙일 것은 제가 방금 말씀드린 것과 관계에 놓인다는 그

것인데요. 루소의『인간 불평등 기원론』에 그려진 역사 발전의 매 국면마다 제각기 고유한 발전 법칙을 지니게 된다고 말할 수 있습니다. 국면들마다 상이한 법칙들이란 말입니다.

이러한 입장은 직접적으로 마르크스의『자본』제2판 서문에서 인용된 러시아 비평가가 한 지적을 생각하게 만드는데요. 거기서 그 비평가는 마르크스가 매 역사적 시기마다 상이한 법칙을 따르게 된다는 생각을 한 최초의 사상가라고 말하고 있습니다.[37]

네 번째 지점에서 우리는 극도로 민감한 구역으로 들어가게 되는데요. 그것은 바로 루소에게 있어서 모든 발전은 자체적으로 해결되지 않는다는 것입니다. 달리 말해서 해결될 수 없는 문제들이 있다는 것입니다. 곧 그런 원환들이 있다는 것이겠죠. 루소에게는 언제나 원환들이 있는 것이니까요. 그런데 해법 없는 원환들도 있다는 것입니다. 해결될 수 없는 문제들이 있다고 했는데요. 유명한 문구 하나를 환언해 이렇게 말할 수도 있을 것 같습니다. 인류는 해결할 수 없는 문제들을 제기할 때도 있다. 이는 루소 정신에 완전히 부합하는 말입니다. 보다 개념론적인 방식으로 이를 논해 보자면, 루소에게는 모순들에 대한 해법과 무관한 조건들이 있다고 말하게 될 것입니다. 해법 없는 모순들이 있다는 것은 바로 그 때문입니다. 모순들의 해법과 무관한 이러한 조건들은 본질적으로 인간과 자연의 관계입니다.

모순과 해법에 대해 말하고 있는 만큼, 괜찮다면 마지막 테마로 가 보겠습니다. 그건 당연히 계약이겠죠. 그 최종적 모순, 즉 전쟁

---

37) Cf. Karl Marx, *Le Capital*, Livre I, *op. cit.*, p. 25. [강신준 옮김,『자본』, I-1, 길, 2008, 59쪽.]

상태의 소외가 갖는 모순에 대해 하나의 특수한 해법이 존재한다는 것인데요. 그것은 인간들의 개입이라는 해법입니다. 새로운 요소를 창출하는 계약이라는 해법이죠. 여기서 한 번 더 말씀드립니다만, 요소가 바뀐다는 것은 법칙 역시 바뀐다는 것입니다. 각각의 요소는 자체의 법칙을 가지니까요. 바로 앞선 상태와 관련해서만이 아니라 기원의 상태와 관련해서도 새로운 요소를 창출하는 계약인데요. 이 해법은 흥미롭습니다. 저는 여러분들에게 이것이 계약이 구성적인 것이 되는 해법이라고 말씀드렸습니다. 다시 말해서, 이 해법이 창출하는 것은 ── 이는 사실 계약이 아닙니다. 자세히 분석해 본다면 계약의 법적 형식은 실상 진정한 변이를 가리게 만들 뿐임을 알아차리실 텐데요 ── 진정한 질서 변화, 진정한 구성인 것입니다. 바로 이 해법이 회복이라는 형식으로 기원의 재시작을 창출하는 것이죠. 이런 경우 문제되는 것은 인간 의지에 달려 있는 새로운 필연성일 텐데요. 흥미롭긴 합니다만 매우 개념화하기 어려운 것은 사회계약이 갖는 몹시 불안정한 성격에 대해 루소가 가지고 있었던 날카로운 의식입니다. 문자 그대로 그것은 공백에서의 도약인 것입니다. 별도의 연구나 작품들을 통해서 보여 줄 수 있을지 모를 그런 것이죠. 이는 우연성에 속하는 사건들, 그러니까 사전에 미리 생겨나 있는 그 특정한 우연성에 속하는 사건들과는 친연성이 없고, 여기서는 다른 형식을 띠게 됩니다. 문제되는 것은 인간적 우연성, 즉 인간들의 의지에 의한 행위이기 때문이죠. 그리고 이는 막대한 위험을 내포하는데요. 이렇게 말할 수 있습니다. 공백에서의 도약이란 말하자면 사회계약의 구축물 전체가 하나의 심연에 걸쳐 있음을 말하고 있다고 볼 수 있습니다. 그리고 저는 이 심연이란 표현을 일부러 사용한 것인데요. 왜냐하면 사회계약과 관련해서 루소가 쓴 말이기 때문입니다. 사회계약의 문제와 관련해서 루소는 철학에 두 가지 심연이 존재한다고 말합니다. 영혼과 육체의 통일이라는 문제와 사회계약이라는 문제가 바로 그 두 가지인데요.[38] 『사회계약론』과 여타의 텍스트들을 함께 놓고 읽는다면, 루소는 이론적 심연만이 아니라 지극히 모험적인 정치적 기도까지도 염두에 두고 있었음을 알아차릴 수 있을 것입니다.

루소에 관한 오늘 발표는 이 정도로 하고 마치겠습니다.

---

38) "인간의 구성(constitution)에 있어서 영혼이 육체에 미치는 작용이 철학의 심연인 것과 마찬가지로, 국가의 구성에서 일반 의지가 공적인 힘(force publique)에 미치는 작용은 정치의 심연이다." *Manuscrit de Genève*, chap. IV, Pléiade III, p. 296.

제3강. 1972년 3월 17일

저는 오늘 여러분들께 마지막 발표를 하려고 하는데요. 이 발표를 끝으로 하겠다는 말입니다. 이 마지막 발표에서 저는 루소와 『인간 불평등 기원론』 전반에 관해서 다시 한 번 말씀드리고, 아울러 『인간 불평등 기원론』 제1부의 보다 세세한 부분에 해당하는 것에 대해 말씀드리고자 합니다.

우리는 지난번 강의에서 루소의 발생의 장치, 즉 전례 없는 그의 불연속적 발생의 장치에 의해서 루소에게서 생겨난 이론적 효과들이 무엇인지를 살펴보았습니다. 우리가 확인한 것은 루소의 이론적 효과들이 몇 가지 가능한 개념들·관념들·통념들과 관계가 있다는 것이었는데요. 이런 것들은 루소에 의해 명시되지도 않고 주제화되지도 않았으며, 더욱이 체계화되지도 않았습니다. 그러니까 자유로운 상태에 있는, 이론적 유랑 상태에 있는 가능한 개념들이라고 하겠습니다. 결국에는 개념들이라고 말할 수밖에 없는 그것들이 그 이전 자연권 이론의 대상과 비교해서 정말이지 새로운 대상인 어떤 것, 즉 "대상 역사"라고 부를 수 있는 것을 가리킨다는 점을 확인했었죠. 물론 가능하면 따옴표까지 붙인 것이어야겠지만요.

기억하실 텐데요. 우리는 그러한 전례 없는 발생의 장치가 어떤 이론적 단초들에서부터 루소에게 말 그대로 강요된 것인지를 살펴본 바 있습니다. 그러한 장치가 루소에게 강요된 것은 순환적인 것으로서의 거짓 기원에 대한 근본적 비판에서부터였습니다. 또 이와 상관적인 것으로서, 거짓된 것과 분리된, 즉 순수한 참된 기원의 정립에서부터였습니다. 이 참된 기원이 자연의 순수한 상태인 것이죠. 기원에 대한 단적인 비판적 이중화, 곧 기원의 분열은 그러니까 연쇄적인 두 가지 효과를 유발한 것인데요. 먼저, 발생, 그러니까 탈자연화 및 사회화의 과정이 갖는 불연속적 장치이고요. 다음으로, 장치가 지닌 새로움의 유발이 함축하는 것으로서, 제가 "가능 개념들"이라고 칭한 그것입니다. 그런데 제가 대상 역사를 중심으로 재결집시키려고 하는 이 개념들은 루소에 의해 사고된 것이라기보다는 단지 실행된 것입니다. 하나만 예를 들자면, 순수 자연 상태와 평화의 상태 사이에서, 또 평화의 상태와 전쟁 상태 사이에서 관찰되는 우발 사건의 개념이 있습니다. 달리 말해, 처음 것은 우주적 규모의 우발 사건들이고, 그 다음 것은 루소가 "이 치명적인 우발 사건"이라고 부른 야금술의 우연한 발견인데요. 우발 사건의 개념이 루소에 의해 실행된 것이라는 건 루소가 그 말을 쓰긴 하지만 자신이 실행하고 있는 그 개념을 사고하지는 않는다는 말입니다. 즉 루소가 그 개념을 개입시키긴 하지만, 그 개념에 대해서, 또 그 개념의 이론적 의미에 대해 반성하지는 않는다는 말입니다. 루소는 우발 사건 개념을 그의 다른 개념들과 관련짓지 않습니다. 개념을 반성한다는 건 그런 것일 텐데 말이죠.

결국 우리에게는 우리가 대상 역사를 중심으로 끌어낸 개념들이 가시적이게 됩니다. 즉 우리가 장치의 구조, 사회화/탈자연화 진행과정의 구조에 대해 수행한 분석의 결과로, 또 우리가 자연권 철학의 고전적 장치와 대립시킨 그 장치에 대한 비교 분석의 결과로, 단지 그런 조건에서 가시적이게 된 것입니다. 그러니까 우리에게 그러한 개념들이 가시적인 것은 단지 그 과정의 장치가 갖는 내포들을 우리가 분석해 냈기 때문이지만 그 효과들의 경우에는 같은 이유로 텍스트상의 루소에게 가시적이지 않다는 말입니다. 그 개념들이나 효과들이 그 자체로는 비가시적이기 때문도 아니고, 그것들이 루소의 텍스트에서 형태를 취하고 있지 않기 때문도 아닙니다. 그것들은 루소 텍스트의 논리 속에서 형태를 취하고 있습니다. 그런데 루소가 그것들을 보지 못하고 있다면 그것은 한 가지 단순한 이유 때문입니다. 즉 루소가 다른 데를 응시하고 있기 때문입니다. 그러니까 두 가지 의미에서 그효과들이 루소에게서 멀어졌다는 말입니다. 객관적인 측면에서는 루소가 그 효과들을 명확하게 확인하지 않은 채 생산했기 때문이며, 주관적인 측면에서는 그것들을 이론적으로 반성할 정도로 루소가 그 효과들의 실존을 알아차리지 못했다는 것입니다. 그래서 실상 루소는 자신의 체계가 기능하도록 하기 위해 스스로 만들어 낸 전혀 다른 개념들에 자신의 주의를 고착시키고 있는 것입니다. 그리고 실제로 루소의 체계를 기능하도록 하는 개념들과, 지난번에 우리가 분석했던 루소의 매우 특수한 이론적 부주의에 의해서 그 체계가 필연적으로 생산한 개념들은 별개의 것들인데요. 달리 말해 우리는 지금까지 루소의 전례 없음을 두드러지게 하기 위해서 우선적으로 기원과 그 효과가 갖는 이 중화의 원리, 그 진행과정의 불연속적 구조, 그리고 그러한 효과가 갖는 효과들, 달리 말해 그러한 구조에 의해 유도된 개념들을 분석했던 것입니다.

하지만 그래도 어떻게 루소가 자신의 명시적인 개념들을 가지고 자신의 체계를 기능하게 하는지를 확인해 봐야 할 텐데요. 제가 이 마지막 발표에서 『인간 불평등 기원론』에 나타난 진행과정 전체를 분석할 수는 없기 때문에 명확한 한 가지 예를 들어 말씀드리고자 합니다. 자연의 순수한 상태의 예인데요. 그래서 저는 이런 물음을 던져 볼 참입니다. 어떻게 루소는 그러한 상태에 대한 표상을 생산하기에 이르렀는가? 루소가 거기에 고착시킨 규정들은 무엇인가? 그 규정들의 내적 논리는 무엇인가? 이 담론의 논리, 또한 이 논리의 담론은 무엇인가? 저는 루소의 텍스트 몇몇 대목들을 아주 면밀히 살펴보려고 하는데요. 하지만 면밀히 살피기 위해서라도 약간 멀리서 그것을 보는 게 좋습니다. 따라서 저는 순수 자연 상태가 두 가지 요구 ── 요컨대 우리가 알고 있는 것, 기원에 관해 말해 왔던 것 ── 에 부응해야 함을 환기하고자 합니다.

순수 자연 상태에 대한 첫째 요구는 기원에 투사된 결과의 원환에서 탈피해야 한다는 것입니다. 다시 말해서 전前사회적인 것, 비사회적인 것에 투사된 사회적 결과의 원환, 자연 상태에 투사된 사회의 원환에서 탈피해야 한다는 것입니다. 이런 이유에서 순수 자연 상태는 사회의 무일 수밖에 없는 것입니다. 사회의 절대영도여야 한다는 말입니다. 따라서 순수 자연 상태는 사회와 관련된 모든 것과 강한 의미에서 분리되어야 하고 기존의 모든 사회적 결과와 분리되어야 합니다. 달리 말해서 이러한 사회의 무는 하나의 상태, 즉 사회의 무라는 상태가 되는데요. 이것과 사회 사이에는 근본적 분리가 존재할 수밖에 없습니다. 그런데 이는 사실상의 분리가 아닌 권리상의 분리라는 점이 중요합니다. 권리상 자연 상태는 그 속에 분리 자체를 포함한다는 말입니다. 분리가 외부로부터 자연 상태에 강요된다기보다는 자연 상태의 내적 본질에서 분리가 결과한다는 것이죠. 바로 이것이 첫째 요구인데요. 그래서 현실적 상태의 표상으로 이 요구를 만족시키기가 그리쉬운 일이 아니게 되는 것이죠.

마찬가지로 둘째 요구도 정식화될 수 있습니다. 자연 상태는 진짜 기원이어야 한다. 즉 자연 상태는 거짓 기원과는 전혀 다른 양태를 가진 기원이어야 합니다. 그러니까 원환과는 무관한 양태를 가진 기원이어야 한다는 말입니다. 따라서 기원으로서의 순수 자연 상태는 정의하기 형식에 따라 사회의 무에 상응하는 비사회적인 규정들을 포함하지 않을 수 없습니다. 우리가 방금 말한 바대로 이 규정들은 근본적으로 분리되어 있는 것들이지만 그럼에도 근원적인 것들이며, 사회화 및 탈자연화의 모순적 진행과정의 원인일 수 없는 기원입니다. 다른 한편 그것들은 탈자연화의 탈자연화, 부정의 부정, 요컨대 사회계약의 시점에서 새로운 기초들 위에 자연 상태가 복원되는 원인인 기원입니다.

자, 이제 우리는 이러한 두 가지 요구사항이 루소에 의해 어떻게 연출되는지, 달리 말해서 어떻게 기원이 실현되는가에 대해서 자세히 살펴볼 것입니다. 이 '실현'라는 말은 강한 의미로 받아들여야 할 용어인데요. 다시 말해 구체적인 이론적 형태 속에서, 즉 헤겔이 게슈탈퉁*Gestaltung*, '구체적 형태화'라고 부르게 될 것을 선취하는 어떤 것 속에서 어떻게 루소는 기원에 실재성, 즉 실재성이라는 외양을 지닌 어떤 것 혹은 실재성이라는 의미 작용을 갖는 어떤 것을 부여하는가? 제가 '구체적인 이론적 형태'라고 말했는데요. 어째서 '이론적'일까요? 그것은 루소가 우리에게 이야기한 것 속에서 **실현되는** 개념들이기 때문입니다. 즉 형태를 지닌 장치 속에서 형체를 이루는 개념들이란 말입니다. 어째서 형태, 형태화, 연출이 구체적인 것일까요? 왜 구체적입니까? 그것은 개념들의 실존이 기원으로 하여금 정말로 기원이 되도록, 본질의 실존이 되도록 경험적 실존의 형식들을 입히기 때문입니다. 그 형식들은 텍스트 속에서 차례차례 나타나는데요. 공간, 나무들, 수원들, 짐승들, 인간 개인들, 굶주림, 잠, 죽음 등등이 그것들입니다. 개념들을 형태화한 경험적 자연 요소들이 그것들 간의 관계들을 보존해서 개념 체계의 효력, 즉 이론적 효과들을 확고히 해야 하기 때문입니다. 결국 왜 형태일까요? 이론적 체계, 상통하는 개념들의 체계를 형태화하기 위함이죠. 그러니까 제 생각엔 이런 식으로 루소의 『인간 불평등 기원론』을 읽어 나가야 합니다. 있는 그대로의 역사로 읽어서는 안 되는 것이죠. 즉 세계의 야생 공간 여기저기를 돌아다니는 탐험가들이 이야기하는 역사, 거대한 숲 속에서 흩어져 사는 인간들의 삶을 그러한 역사가 지닌 세세한 부분들의 분산 속에서 이야기하는 역사와 닮은 그런 역사가 아닌 것입니다. 오히려 그 역사를 체계적인 개념적 형태로 읽어야 합니다. 이러한 형태 속에서 이야기될 분산 자체와 그 세부 사항들은 체계의 궁극적 효과들일 뿐입니다.

저는 이와 같이 텍스트를 읽으려고 할 텐데요. 우선, 저는 순수 자연 상태에서 제시되는 루소의 일반적 테제에서 출발할 생각입니다. 순수 자연 상태에서 인간들은 자유롭고 평등하다는 것이 그것입니다. 이로부터 출발하는 것은 그 두 가지 개념의 실존 형식들에 대한 물음을 제기하기 위함입니다. 그리고 그 답은 이렇습니다. 인간들이 자연 상태에서 자유롭고 평등한 것은 두 가지 조건하에서라는 것입니다. 이 조건들은 제 연구 범위를 제한하기도 하는데요. 첫째 조건, 자연 상태에서 인간들이 자유롭고 평등할 첫째 조건은 인간과 자연의 관계가 직접적이라는 것입니다. 즉 거리도 없고 부정성도 없다는 것이지요. 그리고 둘째 조건은 인간과 인간의 관계는 자연 상태에 없다는 것입니다.

따라서 두 부분이 있게 되는데요. 오늘 발표에서 첫째 부분은 인간과 자연의 관계가 직접적이고 불변하는 적합성의 관계라는 것입니다. 이로써 루소의 일반적 테제가 정식화될 수 있다는 것이죠. 자연인과 그가 살고 있는 물리적 자연 사이에는 직접적이고 불변하는 일치, 모든 거리와 부정성을 배제하는 즉각적인 일치, 모든 변주를 배제하는 불변의 적합성이 존재한다는 것입니다. 분명 루소의 테제는 가진 것은 아무것도 없이 적대적 자연에 직면해 있는 인간에 대해 표상하는 고전적인 대명제와는 반대됩니다. 여러분들께서는 프로타고라스의 신화를 기억하고 계실 것입니다. 거기서 프로메테우스는 짐승들의 경우 털가죽을 걸치고 있지만 인간은 벌거벗은 채로 추위에 노출돼 있음을 발견합니다. 그러니까 루소 자신의 인간 역시 그와 같이 벌거벗은 채로 있으며 그 주위 세계에 있는 짐승들은 털가죽을 걸치고 있습니다.[39] 하지만 루소의 인간은 추위에 떨고 있지 않습니다. 추위를 느끼지 못하죠. 추위를 느끼지 못하는 이유는 춥지 않기 때문입니다. 왜 춥지 않은지 우리는 그 이유를 알고 있습니다. 자연이 인간에게 대신 털가죽 역할을 한다고 말할 수 있습니다.

『인간 불평등 기원론』의 이어지는 부분에서 순수 자연 상태로 하여금 이 무한한 원환을 벗어나게 하는 우주적 규모의 거대한 우발 사건들이 일어나 계절들이 뚜렷해지고 나무들이 증가될 때, 그제서야 자연은 냉담해지고 적대적이게 될 것이고, 인간은 수고와 노동을 들여 자신의 식량을 자연으로부터 뽑아내게 되는 것입니다. 이제 인간과 자연 사이에는 거리가 들어서게 될 것입니다. 그리고 이 거리로 인해서 부정성과 매개들이, 또 그로 인해 언어, 이성, 문명, 진보가 들어서게 될 것입니다. 그런데 순수 자연 상태에서 인간은 자연의 직접적 근접성 속에, 거리 없음 속에, 적합성 속에 존재하고 있습니다. 자유의 유개념에 관한 헤겔의 명제, 즉 "자유로운 존재란 곧 자기 곁에*bei sich* 있음이다"를 자유의 정의로 받아들인다면, 자유는 루소가 기술한 순수 자연 상태에 상당히 합치하는 것입니다. 인간은 자연 속에서 물속의 물고기처럼 자기 곁에 있습니다. 말하자면 자신의 자연/본성 속에, 자신의 요소 속에, 자기 곁에 있는 동물처럼, 자연 그대로 있는 인간이 자연 속에서, 자기 곁에서 자연스럽게 존재하는 것이며, 따라서 자유로운 것입니다. 우리가 텍스트를 세세하게 살펴보면서 확인하게 될 것

---

39) Platon, *Protagoras*, 321: "프로메테우스는 모든 측면들을 적절하게 갖추고 있는 다른 동물들과 달리 인간의 경우 신발도 없고, 덮을 것도 없고, 발톱도 없이 벌거벗은 채로 있는 것을 목도한다." Pléiade I, p. 321. [강성훈 옮김, 『프로타고라스』, 이제이북스, 2011, 87~88쪽.]

이 바로 이것인데요. 『인간 불평등 기원론』의 시작 부분 전체는 이러한 명제에 구체적 형태화를 부여하는 경향이 있습니다. 동물로서 인간이 물려받은 특성들, 인간의 신체 및 인간의 욕구들이 갖는 특성들을 드러내 보이면서 그렇게 하는 것이죠. 루소는 이렇게 말합니다. "나는 인간에 대해서 오늘날 우리가 보는 바와 마찬가지로 모든 시대에 걸쳐 동일한 모양새를 취하고 있다고 가정할 것이다." 단, "초자연적 재능이나 오랜 진보를 통해서만 얻을 수 있었을 인위적 능력들"이 벗겨진 인간인 것입니다. 역사 진보의 결과들이 잘려지고 벗겨진 이러한 인간은 이제 동물성에 다름 아닌 것입니다. 그러니까 인간은 동물적 존재인 것입니다. 하지만 특별한 성질을 지닌 동물인데요. 인간은 규정된 동물이라기보다는 유적/발생적 동물인 것입니다. 이러한 동물과 개별적 동물을 구별 짓는 것은 바로 "그 어떤 동물보다도 유리하게 조직된" 동물이라는 데 있기 때문입니다.[40] 이 가장 유리한 조직에 대한 정의는 좀 이따가 살펴보도록 하겠습니다.

　　　　루소에게 "동물적" 존재란 무엇일까요? 동물적 존재란 감각 기관들을 통해 외부 세계로부터 받아들인 정보들을 기반으로 자체적으로 재조립되는 기계 존재인 것입니다. 동물적 존재란 자신의 필요를 충족시킴으로써 그 기계의 생명을 공고히 하는 것입니다. 따라서 동물적 존재는 무언가를 필요로 한다는 것이며, 동물의 그러한 필요들은 생리적 필요들인 것입니다. 이 용어는 지극히 중요한데요. 루소 사상

---

40) *Discours sur l'origine de l'inégalité*, pp. 134, 135. [김중현 옮김, 『인간 불평등 기원론』, 54~55쪽.]

의 한 부분 전체가 생리적 필요와 도덕적 필요 사이의 구분 위에 서 있기 때문입니다. 생리적 필요들은 단순한 것들입니다. 식욕, 갈증, 수면욕, 성욕 등인데요. 이것들이 루소가 동물임을 식별해 내는 필요들인 것입니다. 그리고 이것들이 단순하다고 말하는 것은 직접적으로 충족될 수 있기 때문입니다. 이유는 금방 알게 될 것입니다. 이와 같이 동물로 정의된 인간, 곧 직접적으로 충족될 수 있는 단순한 필요들을 가진 주체는 동물 그 자체와는 구분됩니다. 동물이 종별적인 본능들을 가지고 있음에 비해 인간은 아마도 그런 것들은 전혀 가지고 있지 않을 것이라는 점에서 그렇다는 것입니다. 루소의 말이죠. 인간을 매우 특수한 유에 속한 동물, 동물 아닌 동물로 만드는 것은 바로 동물성 일반의 실현, 즉 특수한 규정들로 이루어진 추상이라고 말할 만한 것입니다. 각각의 종은 각기 그 고유의 본능만을 가지는데, "인간은 특유한 본능을 전혀 가지지 않으므로 모든 본능을 제 것으로 삼는다"는 게 루소의 설명입니다. 따라서 인간은 어떤 종별적인 본능에 의해서, 그러한 종별적인 본능에 상응하는 종별적 대상들에 의해서 동물로 정의되는 것이 아니라, 본능의 부재에 의해서 동물로 정의되는 것입니다. 이 본능의 부재는 순수한 공백이 아니라, 역으로 모든 동물들이 가진 본능들 전부를 전유할 수 있는 실정적인 능력인 것입니다. 자, 그렇다면 이 종별적인 차이의 의의는 무엇일까요? 즉각 우리는 이렇게 말할 수 있습니다. 인간은 각각의 동물 종처럼 단 하나의 본능으로 한정되지 않는다. 즉 인간은 자신의 필요를 충족시키기 위한 단 하나의 대상으로 한정되지 않는다. 어떠한 본능이라도 마음대로 이용할 수 있는 인간은 그만큼 자연으로부터 독립적이게 됩니다. 그러므로 예컨대 동물의 본능은 동물로 하여금 정해진 하나의 안식처를 찾도록 하는 반면, 인간은 어떠한 안식처이든 만족할 수 있는 것입니다. 또 동물의 본능은 일정한 음식을 찾도록 하는 반면, 인간의 경우는 어떠한 음식이든 만족할 수 있는 것입니다. 루소가 썼듯이 "결론적으로 인간은 그 어떤 동물보다도 쉽게 자신의 생계 수단을 구하게" 됩니다. 따라서 인간이 갖는 본능들의 배가는 자연 속에서 인간이 가진 욕구들에 대한 반응을 배가시키게 되고 인간에 대해 자연이 가지는 적합성을 증대시키게 됩니다. 또 그만큼 인간에 대한 자연의 부정적 성격은 줄어들게 됩니다. 인간이 동물이 가진 본능들의 보편성을 전유하는 시점부터 그러한 본능의 대상들의 보편성 역시 전유하게 되며, 그때부터 끊임없이 자기 자신의 본능들을 충족시킬 만한 것을 자연 속에서 찾게 됩니다. 이상이 동물성의 인간이 갖는 일반적 자연/본성에 대한 이야기였습니다.

이제는 자연성과 동물성의 최초 형식인 인간의 신체에서 어떻게 그것이 분명하게 드러나는가를 살펴보겠습니다. 순수 자연 상태에서 인간 신체를 특징짓는 것은 그것의 물리적 독립성입니다. 그것은 어떠한 외적 도움도, 바깥으로부터의 어떠한 물리적 도움도 필요로 하지 않습니다. 인간 전체가 그의 신체 속에 있는 것이죠. 인간과 자연 사이에는, 인간의 신체와 자연 사이에는 어떠한 거리도 존재하지 않는데, 따라서 이는 인간이 보충물도 도구도 필요치 않는, 직접적으로 스스로를 만족시키는 신체를 소유한다는 걸 뜻합니다. "야생인이 알고 있는 유일한 수단은 그의 신체"이며, 그의 도구는 자신의 손발이라고 루소는 말하고 있습니다.[41] 현대인과 같은 도구를 가지지 않았으므로 필연적으로 강건할 수밖에 없고, 인간에게 필요한 것을 마련할 수 있는 그것만을 지니고 있기 때문에 당연히 인간 신체가 발전할 수밖에 없는 것입니다. 자연인은 "말하자면 항상 전적으로 자기와 더불어 향해 가는 데" 유리함을 가지고 있고, 자연은 이러한 물리적 독립의 형식을 강화합니다. 루소가 우리에게 묘사해 준 바와 같은 자연인은 강건한데요. 어떠한 보충물도 불필요할 수밖에 없을 정도로 강건한 것입니다. 그래서 루소는 자연인의 신체에서 나타나는 그의 힘 전체에 집중하는 것인데요. 자연인의 능력들은 배가됩니다. 자연인의 시각은 문명화된/시민화된 인간보다 예민하며, 청각과 후각 역시 마찬가지입니다. 대신 미각과 촉각은 훨씬 거친 편입니다. 여러분들이 이와 관련한 구절들을 알고 있으니 강조할 필요는 없을 것입니다. 다만 여기서 확인할 것은 인간이 신체와 갖는 관계가 자연과의 직접적인 접촉을 함축한다는 건데요. 이는 다른 형식을 통해, 즉 질병과 죽음의 형식을 통해 표명되고 있습니다. 그러니까 인간과 그의 신체 사이에는 사회적 삶에서처럼 질병들의 현존 및 죽음의 현존이 끼어 들어갈 수 없다는 것입니다. 루소는 두 가지 근거를 들어 우리에게 그것을 설명해 주고 있습니다. 우선 질병에 관해서는 플라톤의 『국가』에서 전개된 발상[42]을 되풀이하고 있는데요. 즉 질병은 사회 발전의 결과인 만큼 사회 제도로 출현한다는 것입니다. 루소는 친절하게도 다음과 같은 명제를 펼칩니다. "우리는 시민사회의 역사를 따라가 보면서 인간 질병의 역사에 대

---

41) *Ibid.*, p. 136. [같은 책, 56쪽.]
42) Platon, *République*, I, III, 405, Pléiade I, p. 961. [박종현 옮김, 『국가』, 서광사, 2005, 228~230쪽.]

해 쉽게 써 내려갈 수 있을 것이다."[43] 결론적으로 순수 자연 상태에서 사회란 존재하지 않으므로 정제된 음식도, 피로·근심·음주·정념들도 존재하지 않는 것입니다. 자연 상태의 인간은 병이 나지 않습니다. 야생인은 부상이나 노화 외에 다른 병을 알지 못합니다. 야생인의 외과 의사는 시간이며, 야생인의 식이요법은 자연적 삶인 것입니다. 야생인은 통풍도 류머티즘도 알지 못합니다. 결국 야생인은 모든 병을 예방하고 있는 것입니다.

　　　죽음에 관해 말하자면, 자연 상태의 인간에게 죽음은 악이 아닙니다. 왜 그렇습니까? 이는 매우 흥미로운 점이기도 한데요. 그것은 지각되지 않고 넘어가는 사건이기 때문입니다. 자연이 신경 써서 숨기려 하는 자연적 사건이라는 말이죠. 여기서 루소는 죽음에 관한 루크레티우스적 견해를 펼치고 있습니다.[44] 죽음은 존재하지 않습니다. 죽음은 아무도 그것을 지각할 수 없기에 자연적 존재를 가질 수 없습니다. 죽는 자는 죽는다는 걸 알지 못한 채 죽기 때문이며, 죽는 자의 이웃들 역시 그것이 죽음이라는 걸 알지 못해 죽음을 두려워하지 않습니다. 죽음은 증인이 없습니다. 죽는 당사자도, 그가 죽는 걸 볼 만한 다른 이들도 없다는 것입니다. 늙은이들은 "자신의 존재가 사라짐을 사람들이 알아차리지 못한 채로, 대부분의 경우에는 스스로도 알아차리지 못한 채로 숨을 거두게 된다"고 루소는 말합니다.[45] 이러한 죽음의

---

43) *Discours sur l'origine de l'inégalité*, p. 138. [김중현 옮김, 『인간 불평등 기원론』, 60쪽.]
44) Lucrèce, *De la nature*, III, 845: "따라서 죽음은 아무것도 아닌 것이며, 조금도 우리와 관련이 없다." [강대진 옮김, 『사물의 본성에 관하여』, 아카넷, 2011, 249쪽.]
45) *Discours sur l'origine de l'inégalité*, p. 137. [김중현 옮김, 『인간 불평등 기원론』, 59쪽.]

부재는 의식 부재의 효과, 예측의 부재, 미래에 대한 표상의 부재, 공포의 부재인 것입니다. 동물은 결코 죽는다는 것이 무엇인지 모를 것입니다. 죽는 게 무엇인지 인간이 모른다면 그것은 인간이 동물이기 때문입니다. 왜냐하면 죽음 및 죽음의 공포에 대한 그러한 인식은 하나의 예견을 가정하기 때문입니다. 즉 동물이나 다름없는 인간이 지금은 소유하고 있지 않은 미래에 대한 감각을 가지고 있다고 가정하는 것입니다. 따라서 질병의 형식에서나, 죽음의 형식에서나 인간은 하나의 장애물처럼 자기 자신의 신체의 자연/본성에 좌우된다기보다는, 자신에게 생소한 것으로서 자신의 신체의 자연/본성에 따르게 된다고 볼 수 있습니다. 그러니까 인간의 신체는 장애물이 아니라 그의 독립의 수단인 것입니다. 그의 독립과 자유의 신체인 것이죠. 자유란 곧 인간의 신체가 자연/본성과 일치되는 하나의 실존에서 자신과 일치된 신체인 것입니다. 이제 우리가 살펴봐야 할 것은 필요에 관한 것입니다. 왜냐하면 신체는 필요를 느끼기 때문이죠.

　　　　여기서 우리가 확인하게 되는 것은 장애물이나 거리가 아닌, 동일한 직접성, 동일한 독립성입니다. 우리는 필요들이 직접적 필요들, 생리적 필요들이기에 그와 같이 직접적으로 충족됨을 확인하게 됩니다. 저는 여러분들에게 루소가 생리적·직접적 필요와 간접적 필요로서 도덕적·사회적 필요를 본질적으로 구별했음을 말씀드린 바 있습니다. 후자는 관념 혹은 인간이라는 우회를 거치는 것인데요. 다시 말해서 표상이나 외적 매개를 거치는 것으로, 필요들을 배가시키고 인위적 필요들을 창조하기에 이르는 것입니다. 반면 동물의 필요라고 할 수 있는 직접적 필요들은 자연의 충동들입니다. 자연적 사물들의 필요이고 생리적 필요인 것입니다. 자연 상태에 있는 인간은 자기 자신의 생리적 필요 외에는 다른 필요를 가지지 않습니다. "그의 욕망은 생리적 필요들을 넘지 않는다."[46] 결론적으로 필요와 자연의 관계, 필요와 그것의 충족의 관계는 어떠한 매개도 없이, 관념의 우회 없이, 인간의 필요라는 우회가 없이, 도구라는 우회들 없이 실행됩니다. "세상에서 인간이 아는 행복이라고 할 만한 것은 식사, 이성, 휴식뿐"이라고 루소는 말합니다.[47] 관념이나 상상, 정념 등의 우회를 거치지 않은 이러한 직접적 필요에 자연은 풍요로움으로 직접 응답하고 있는 것입니다. "그러한 하찮은 필요들은 수중에서 너무나도 손쉽게 발견된다"고 루소는 말합니다.[48] 이 개념은 극도로 중요한데요. 필요의 대상이 수중에 있다는 것입니다. 헤겔은 그 개념을 "손닿는 데"라는 통념으로 되풀이했는데요. 헤겔이 낙원에 대해 묘사할 때 그랬습니다. 손을 뻗는 것으로 충분하며 바로 그때 필요가 충족된다고 루소는 말하고 있습니다. 루소는 또 이렇게 말하는데요. "대지의 산물들이 인간에게 필수적인 모든 도움을 제공했고, 본능은 그로 하여금 그러한 도움을 이용하도록 이끌었다."[49] 더불어 루소는 "탄생기 인간의 조건은 무엇보다도 순수한 감각들로 한정되고 겨우 자연이 준 선물을 이용할까 말까 하는 동물의 삶이었다. 자연으로부터 무언가를 뽑아낼 생각은 하지도 않았다. 인간은 손을 뻗기만 하면 되었다. 무언가를 뽑아낼 필요는 없었

---

46) *Ibid.*, p. 143. [같은 책, 66쪽.]
47) *Ibid.*. [같은 책, 66쪽.]
48) *Ibid.*, p. 144. [같은 책, 67쪽.]
49) *Ibid.*, p. 164. [같은 책, 94쪽.]

다"[50]고 말하는데, 바로 이것이 그의 필요의 충족인 것입니다. 그러니까 필요는 하찮은 수준의 것들이고 그것들은 직접적으로 충족됩니다. 인간은 종별적인 본능을 가지지 않으므로 본능들은 배가되는데, 이는 인간으로 하여금 매 순간 자신의 필요를 충족시키기 위한 대상을 찾도록 하는 것입니다. 나무들이 숱하게 있는데, 아마도 키 작은 나무들일 것입니다. 자연 상태가 중단되고 나서야 비로소 나무들이 자라나고, 그 나뭇가지들의 높이 때문에 열매를 따기가 어려워질 것입니다. 그러니까 자연은 직접적으로 손닿는 데 있는 것이고, 필요에 대한 장애물이 아닙니다. 자연은 필요에 대한 직접적 응답이며, 반대급부 없는 응답인 것입니다. 다시 말해 인간은 일할 필요가 없다는 말이죠. 이런 질문을 하게 되는데요. 하지만 이러한 목가적 자연 속에는 야생 짐승들이 존재하지 않을까요? 그래서 루소는 가설을 검토하는데요. 우린 그런 맹수들이 장애물이 되지 않을까 질문하는 거죠. 루소는 세 가지 점을 들어 그에 답하고 있습니다.

첫째, 인간은 열매를 먹고 사는 동물이라는 것입니다. 따라서 그 야생 짐승들을 사냥해 잡아먹을 필요가 없다는 것이죠.

둘째, 인간은 재빨리 그 짐승들을 피하는 법을 터득합니다. 또 짐승들보다 더 많은 수완을 가지고 있는 데다, 짐승들을 피해 나무 위로 올라가 버리는 것만으로 충분합니다. 따라서 야생 짐승들이 공격을 가한다 할지라도 인간이 대치할 필요가 없는 것입니다.

그리고 셋째는 연쇄적인 일련의 논거들인데요. 야생 짐승들

---

50) *Ibid.*, p. 165. [같은 책, 94쪽.]

은 인간을 해치지 않습니다. 왜냐하면 짐승들은 인간이 잘못되기를 바라지 않고 인간 역시 마찬가지이기 때문입니다. 감성적 존재들로서 인간과 동물 간에는 감성의 동정, 연민의 동정이라 할 본성의 공통성이 존재하는 것입니다. 짐승들은 인간에게 다정하고 인간도 짐승들에게 다정합니다. 전부가 서로를 아껴주는 것이죠. 연민은 여기서 처음으로 동물과 인간의 차이에 대한 무효화로 나타납니다. 제가 여러분들에게 한 번 언급한 바 있었던 인간과 외부 자연의 그 일치가 루소 텍스트에서 드러난 것이죠. 여기서 우리는 인간과 그 자신의 신체 사이의 일치의 조건으로 내용이 체계화됨을 확인하고 있는 셈입니다. 인간이 자기 자신의 신체와 일치되는 것은 인간이 자연과 일치되기 때문입니다. 신체가 발달하는 것은 자연이 자연적 훈련으로 이끌기 때문입니다. 인간 신체가 병들지 않는 것은 자연이 풍성하고 건강에 좋은 음식으로 직접적 필요에 응답하기 때문이며, 인간이 매개들, 곧 사고, 상상, 반성 등을 필요치 않는 것, 죽음에 대해 사고하지 않고 자기 자신의 죽음에 대해 사고하지 않는 것, 그러니까 자신의 신체에 대해 삶과 죽음의 문제로 여기지 않는 것은 자연이 인간에 대해 문제를 일으키지 않기 때문인 것입니다.

이러한 직접적 일치는 거리 없는 일치이자 자연에 의해 충족된 본능의 일치입니다. 어려움, 문제, 거리, 부정성이 없는 것입니다. 따라서 대신에 반성의 필요도 없습니다. 자연 자체가 자연의 문제들에 대한 소리 없는 응답이므로 순수 자연 상태에서 모든 일은 전반성적 수준에서 모든 반성에 앞서는 자연의 순수 운동에 의해 해결되는 것입니다. "모든 반성에 앞서는 자연의 순수 운동"[51]이라는 루소의 이 말은 연민과 관련해 나오지만 자연 상태의 인간을 수식하는 규정들 전체에 해당되는 것입니다. 인간은 반성을 할 필요가 없습니다. 전반성적 상태에 있는 것이죠. 예견할 필요도 없습니다. 인간에게 미래는 존재하지 않는 것이죠. 인간에게 시간은 존재하지 않습니다. 필요가 단번에, 직접적으로 충족되기 때문입니다. 루소가 말한 것처럼 인간은 "미래에 대한 아무런 관념도"[52] 가지고 있지 않습니다. 어떠한 호기심도, 어떠한 철학도 가지지 않는 것입니다. 재밌는 예를 루소가 드는데요. 카리브인의 예입니다. 카리브인은 순수 자연 상태의 인간이 아니라 순수 자연 상태 그 이후의 자연 상태에 속한 인간입니다만, 그럼에도 루소는 이 예를 드는데요. 카리브인은 한밤 동안 침상 위에서 잠을 잔 뒤 아침엔 그 침상을 팔아 버린다고 합니다. 그 다음날 밤에 잠을 자기 위해 침상이 필요할 것이라는 생각은 하지 않는다는 것이죠. 요컨대 카리브인은 시간에 관한 모든 관념 바깥에서 살아간다는 말입니다. 잠이라는 말이 괜히 나온 게 아닌 건데요. 인간이 명확한 의식을 지니지 않은 존재라면, 인간이 시간을 인식하지 않고 직접성의 지속적 반복 속에서 살아가는 존재라면, 순수 자연 상태에서 인간의 진리는 궁극적으로 잠인 것입니다. 루소는 인간이 자는 것을 좋아한다고 말합니다. "야생인은 잠자기를 좋아하고 잠귀가 밝았을 것이다. 생각을 하지 않는 모든 시간 동안 잠을 잔다고 할 수 있는 동물들과 마찬가지인 것이다."[53] 인간이 생각을 전혀 하지 않는다고 한다면 잠은 더욱 많아질 수밖에 없

---

51) *Discours sur l'origine de l'inégalité*, p. 155. [같은 책, 81쪽.]
52) *Ibid.*, p. 144. [같은 책, 68쪽.]
53) *Ibid.*, p. 140. [같은 책, 62쪽.]

을 것입니다. 당연하게도 여기서 생각나지 않을 수 없는 것은 나중에 헤겔이 「주관적 정신의 철학」[54] 속에서 전개한 자연과 자기의 일치로서 잠에 관한 그 모든 설명인데요. 그것이 이미 루소에게서 예고되었던 것입니다.

이상이 곧 자연인과 외부 자연 간의 관계입니다. 그러니까 인간은 이상에서 말한 바와 같이 단순한 생리적 필요만을 느낄 뿐이고 손닿는 데 있는 열매로 그 필요를 충족시킬 수 있는 동물적 존재인 것입니다. 따라서 인간과 자연 사이의 적합성은 첫째로 인간 측면에서 봤을 때 동물성이라는, 다시 말해 단순한 생리적 필요들이라는 그러한 실존 형식을 가정하는 것입니다. 그리고 둘째로 자연 측면에서 본다면 그러한 실존 형식은 자연이 도처에서, 매 순간 손닿는 데 있음을 뜻합니다. 여러분이 보다시피 여러 규정들이 제시되었는데, 그것들은 필연적으로 다른 규정들을 요구하고 있습니다. 그래서 우리가 자연의 실존 형식으로서 **숲 개념**을 맨 먼저 마주치는 곳이 바로 여기인 것입니다. 이 개념은 루소의 이론적 요구로 인해서, 그러니까 자연이 그렇게 만들어질 수밖에 없는 그러한 실존 형식, 그러한 방식을 만족시키기 위해서, 배고픔과 잠이라는 인간의 기본적인 두 가지 생리적 필요들을 동시에, 도처에서 만족시키기 위해서 필요해진 것입니다. 루소 텍스트에서 잠자리 및 피신처를 위해 그늘과 열매들을 제공하는 것은 바로

---

54) *L'Encyclopédie des sciences philosophiques*(『철학적 학문들의 백과전서 강요』) 3부 '정신 철학' 중 제1장 '주관적 정신'(§398)을 말한다. Gallimard, 1970, pp. 361, 362. [서동익 옮김, 『철학강요』, 을유문화사, 1998, 352~354쪽.]

나무인 것이죠. 그런데 여기서 주의해야 할 것은 모든 일련의 귀결들을 루소에게 강요하게 되는 바로 그 체계의 논리입니다. 그처럼 자연이 도처에서 인간 자유의 조건들을 실현한다고 하기 위해서는 숲이 온 땅을 뒤덮고 있어야 한다는 것입니다. 까마득하다고 하든 가늠키 어렵다고 하든 오로지 숲만이 존재하고 있어야 한다는 말입니다. 좀더 말하자면, 숲은 도처에 존재해야 할 뿐 아니라 매 순간 동일하게 존재해야 하는데요. 이는 자연이 항구적이기 위해, 그 적합성이 항구적이기 위해 요청되는 것이죠. 따라서 이는 계절이 존재하지 않을 것을 요구하고 인간의 시간 속에서와 마찬가지로 자연의 시간 속에서도 차이가 존재하지 않을 것을, 자연적 시간 속에 차이가 없을 것을 요구하는 것입니다. 그러한 차이가 계절이기 때문이죠.

　　달리 말해서 계절 없는 자연은 시간 없는 자연입니다. 그래서 인간이 시간을 갖지 않는 것과 마찬가지로 자연 역시 시간을 갖지 않는다는 것이죠. 그러니까 한쪽에 시간의 부재가 있고, 이는 다른 한쪽에 있는 계절의 부재에 대응하고 있습니다. 양쪽 모두에서 동일한 것의 반복, 동일한 것의 직접적 연속성인데요. 자연 속에서는 인간 내부에, 즉 인간과 그의 신체 사이에 거리가 없는 것처럼 자연 자체의 내부에서도 거리가 없습니다. 그러니까 인간은 한편으로 그의 신체와의 거리가 없으며 다른 한편으로는 외부 자연과의 거리가 없는 것입니다. 따라서 까마득히 펼쳐진 숲과 계절 없는 숲이라는 것 때문에 루소는 계절을 소멸시키려고 지구의 축선을 황도로 잡았던 것입니다. 계절이 나타나기 시작한 것은 신이 그것을 기울였을 때라고 루소는 설명하고 있습니다.[55] 같은 방식으로 루소는 나무들도 작게 만들었는데요. 이는 열매가 손닿는 데 있도록 하기 위함이고 실존에 필요한 자연과 순수 자연 상태를 제작하기 위함인 것입니다. 여기까지가 첫 번째 조건, 그러니까 인간과 자연의 관계에 관한 이야기였습니다.

저는 이제 두 번째 조건, 이 발표의 두 번째 계기, 즉 인간들 사이의 관계로 넘어가려고 하는데요. 여러분들에게는 이렇게 말씀드리려고 합니다. 즉 자연 상태가 그 개념을 실현하기 위해서는 인간들 사이의 관계가 없어야 했다고 말입니다. 루소에게 이때부터 그 고유한 의미에서 문제되는 것은 순수 자연 상태에서 사회의 무라는 상태를 실현한다는 것입니다. 인간들 사이의 무관계에 대한 구체적 형태를 생산해야 한다는 것입니다. 어찌하면 무관계에 실존을 부여할 수 있을까요? 어떻게 무관계, 무를 구체적으로 형태화할 수 있을까요? 이것이 루소가 직면한, 그가 해결하고자 한 문제입니다. 그가 이 문제를 해결하는 것은 그 결과에서 그로 하여금 고독·분산 등과 같은 인간들에 대한 규정을 제시하게 만드는 일련의 조건들을 통해서입니다. 인간들은 본질상, 조건상 고독한 것이며, 어느 누구도 그 고독을 깨뜨리려고 하지 않는다는 점에서 분산되어 있는데요. 이러한 고독과 분산의 기초는 무엇일까요? 어떻게 루소는 이 모든 것을 정초하려는 것일까요? 어떻게 동시적으로 이 모든 것을 실현할까요? 작업은 두 가지 계기로 이

---

55) Jean-Jacques Rousseau, *Oeuvres complètes, vol. V, Écrits sur la musique, la langue et le théâtre*, éd. sous la direction de Bernard Gagnebin et Marcel Raymond et al., Paris: Gallimard, coll. Bibliothèque de la Pléiade, 1995, 제9장 참조. "인간이 사회적이기를 바랐던 자가 손가락으로 지구의 축을 건드려 우주의 축에 기울게 했다. 그 가벼운 운동에 지구의 표면이 변한 것으로 생각한다."(*Ibid.*, p. 401) [주경복·고봉만 옮김, 『언어 기원에 관한 시론』, 책세상, 2002, 76쪽.]

중화되는데요. 그 기초가 권리상의 부정적 조건 ——이게 중요한 것이 죠——과 사실상의 실정적 조건으로 이중화된다는 뜻입니다. 그러니까 권리와 관련된 모든 것은 부정적인 것이 되고, 사실과 관련된 모든 것은 실정적인 것이 되는 것입니다.

　　저는 권리상의 부정적 조건으로 시작하려고 합니다. 권리상의 부정적 조건은 인간의 자연적 사회성 이론에 대한 거부에서 성립합니다. 그 자연적 사회성 이론은 여러분이 알다시피 어떤 시점에서 자연권이 그 무대가 되는 철학적·정치적 논쟁의 주요한 이론적 쟁점들 가운데 하나입니다. 중요한 것은 16세기에서 18세기 사이의 역사 속에서 하나의 반전을 보게 된다는 점입니다. 16~17세기에 사회계약 및 자연적 사회성 이론에 대한 태도는 몇몇 영역에서의 철학적·정치적 입장 선택에 있어 시금석을 이루는 것이었습니다. 그러니까 반反봉건의 전위적 이론가들은 사회계약을 옹호하면서 자연적 사회성에 반대하는 것입니다. 가령 홉스가 자연적 사회성 이론에 반대하죠. 당시 자연적 사회성은 대부분의 사람들, 그러니까 봉건 질서를 옹호함과 동시에 아리스토텔레스에 의거하는 철학자들이 내세운 것이었습니다. 봉건주의자들에게서 자연적 사회성 이론은 항상 자연적 인간 불평등론의 상관항이었습니다.

　　그렇지만 우리는 18세기에 자연적 사회성 이론에 대한 사변적인 방식의 반전을 목격하게 되는데요. 더 이상 봉건적 입장이 아닌, 부르주아적 입장에 입각한 자연적 사회성 이론의 되풀이를 보게 된다는 말입니다. 가령 푸펜도르프에게서, 또는 메르시에 드 라 리비에르Mercier de La Rivière와 같은 중농주의자들에게서, 또 백과전서

Encyclopédie(디드로가 쓴 「사회」 항목을 참조하시기 바랍니다)에서 그것을 확인할 수 있습니다. 결론적으로 우리는 약간 다른 제시를 상대하는 것인데요. 이는 실체적으로는 여전히 같은 것이지만 완전히 대립되는 정치적 의미를 그것에 부여하는 이론적 장치 속에 놓여 있는 것이라고 할 수 있습니다.

　　이러한 자연적 사회성 이론의 전사前史와 연속성을 이해하기 위해서는 아리스토텔레스에게서 제시된 자연적 사회성 이론에 대해 짧게나마 언급하지 않을 수 없습니다. 아리스토텔레스 『정치학』에서 우리는 다음과 같은 구절을 읽을 수 있습니다. "인간은 본성상 시민사회를 위해 만들어진 동물이다."[56) 그래서 우리가 설사 서로서로에 대해서 필요 ── 생리적·물질적·실리적 의미의 필요 ──를 갖지 않더라도 함께 살기를 욕망할 것이라는 얘기인데요. 사실은 그렇게 공통의 이해가 우리를 모이도록 한다고 하더라도 시민사회는 명예와 덕을 위한 사회에는 못 미치는 공존 사회인 것입니다. 따라서 아리스토텔레스의 자연적 사회성은 사회성의 두 가지 형식, 곧 공리주의적 사회성과 덕성에 기반한 사회성으로 이중화되는 것입니다.

　　우리는 이 동일한 명제와 동일한 구분을, 하지만 훨씬 더 명확하고 위력적인 것으로서 18세기 백과전서파 및 푸펜도르프 이후의 중농주의자들에게서 다시 만나게 되는데요. 인간이 사회를 필요로 하기에 자연적으로 사회적이라는 관념, 인간이 사회를 위해 만들어졌다

---

56) 알튀세르는 마르셀 프렐로트(Marcel Prélot)의 번역본을 사용한 것 같다(Gonthier, 1964, p. 52). 보다 많이 쓰이는 쥘 트리코트(Jules Tricot)의 번역본의 경우는 "정치적 동물"이라고 옮기고 있다(Vrin, 1962, p. 194). [김재홍 옮김, 『정치학』, 길, 2017, 33쪽.]

는 관념이 18세기로 가면 인간이 두 가지 의미에서 사회를 필요로 하기 때문에 자연적으로 사회적이라는 관념이 되는 것입니다. 첫째, 인간은 물질적인 측면에서 자기 자신의 필요들을 충족시킬 수단으로서 사회를 필요로 합니다. 따라서 이는 실리적/공리주의적 필요, 물질적이고 실리적인 필요인 것입니다. 게다가 둘째로, 인간은 인간에 대한 필요, 다시 말해 우애의 필요, 도덕적 의미에서 사회에 대한 필요를 충족시키기 위해서 사회를 필요로 합니다. 예컨대 다음과 같은 푸펜도르프의 말이 있죠. "사회성의 목적지는 도움과 봉사의 교류를 통해(따라서 이는 실리적인 것이죠) 각자 자기 자신의 이익을 보다 증진할 수 있다는 데 있다." 또 그는 "더구나 자연이 인간들 사이에 어느 누구도 배제되지 않는 일반적 우애를 확립했다"고 말합니다.[57] 따라서 이는 물질적 필요 및 인간의 도덕적 필요에 관한 이중의 이론인 셈입니다. 인간은 물질적으로도 도덕적으로도 인간을 필요로 한다는 것입니다.

　　이러한 이중의 이론을 루소는 통째로 기각하고 있습니다. 그에게는 인간이 자연적으로 인간을 필요로 하지 않습니다. 다시 말해서 인간은 자신의 본성/자연에서 나오는, 자신의 본성/자연에 기초한 그런 자생적 필요에 의해서 영향을 받는 것이 전혀 아닙니다. 자연적으로 인간은 자신의 필요를 충족시키기 위해 인간의 물질적 도움을, 즉 사회를 필요로 하지도 않으며, 도덕적 인간 사회도, 인간들끼리의 우애나 왕래도 필요로 하지 않는 것입니다. 『인간 불평등 기원론』에서 루

---

57) Pufendorf, *Droit de la nature et des gens*, II, III, §18, Amsterdam, 1706, pp. 229, 230. Robert Derathé, *Jean-Jacques Rousseau et la science politique de son temps*, Vrin, 1970, p. 143에서 재인용.

소는 이 테마를 여러 번 되풀이하고 있습니다. 자연이 인간의 사회성을 마련해 주는 것 같지는 않다는 것이죠. 자신은 자연적 사회성을 포기하고 자연권을 정초한다고 말하는데요. 그가 "사회성의 원리를 끌어들이지 않고도" 이 자연권을 정초하게 되는 것은 연민과 자기애에 기반한 것입니다.[58] 그러니까 루소는 자연적 사회성 테제에 대해 명백히 반대의 뜻을 표명하고 있는 것인데요. 이러한 입장 표명은 분명 매우 중요한 것입니다. 루소로서는 우리가 지난번에 살펴본 단초들에서 출발해 자연적 사회성에 관련한 것이면 무엇이든 받아들이지 않는 것이 중요했던 것입니다. 인간이 인간을 필요로 하는 것이 사랑 때문이든 유용함 때문이든 어떤 형식을 띠는지를 막론하고 말입니다. 루소가 자신의 동시대인들이나 자신의 선학들에 대해 비난했던 바들, 즉 그릇된 기원의 원환, 기원에 투사된 결과의 기원 등으로 되돌아가지 않으려면 응당 그래야 했던 것입니다. 어떤 이유에서건 인간에게 사회성을 부여해 버리는 순간, 우리는 아직 사회 아닌 상태여야 할 순수 자연 상태에서 곧장 사회로 빨려 들어가게 됩니다. 그렇기 때문에 무슨 일이 있어도 두 가지 기초, 즉 물질적 필요 및 도덕적 사회에 대한 필요, 또 이에 덧붙여지는 수많은 귀결들을 던져 버려야 하는 것입니다. 여기서 우리는 권리 속에 있지만, 바로 그 권리를 모두 소멸시키는 것이 문제됨을 알 수 있습니다. 루소는 널리 알려진 두 가지 이론을 통해 이 과업을 이행합니다. 먼저, 물질적 필요는 인간들을 연결시키거나 서로 접근시키지 않고 인간들을 흩어지도록 만든다는 이론입니다. 놀랍도록

---

58) *Discours sur l'origine de l'inégalité*, p. 126. [김중현 옮김, 『인간 불평등 기원론』, 44쪽.]

역설적인 이론이죠. 그런데 이는 인간들의 자연적 필요, 물질적 필요가 인간들을 서로 접근시킨다는 백과전서파의 공리주의적 이론[이는 18세기의 전부를 말해 줍니다]에 대한 대척점 내지 반박 외에 다른 의미가 아닙니다. 루소는 이렇게 말합니다. "인간들이 자신들의 욕구를 표출하기 위해 말을 발명했다고들 말하는데, 그것은 지지될 수 없는 견해이다. 최초 욕구들의 자연적 효과는 인간들 사이를 떼어 놓는 것이지 가깝게 만드는 것이 아니다. […] 생존의 필요성은 인간들로 하여금 서로를 멀리하도록 만든다."[59] 『언어 기원에 관한 시론』에서 인용한 것인데요. 그러니까 첫 번째 테제는 인간들이 가진 생리적 필요들을 인간들을 모이도록 만들지 않고 흩어지게 만든다는 것이 되겠습니다. 과업 이행을 위한 루소의 두 번째 이론은 바로 순수 자연 상태에서 인간들이 갖게 되는 유일한 관계는 인간의 필요에 의한 것(공감, 인간적 사랑 등)이 아니라, 모든 감각적 존재들 사이에 존재하는 관계인 동정심이라는 부정적 관계, 연민이라는 부정적 관계라는 이론입니다. 그러니까 인간은 물질적인 의미에서든 도덕적인 의미에서든 인간에 대한 어떠한 필요도 가지지 않는다는 그러한 이중의 부정적 이론을 통해 공간을 말끔히 치워 냄으로써 그러한 위험을 제거하는 셈입니다. 그런데 이게 전부가 아닙니다. 루소가 인간에 대한 물질적·도덕적 필요의 이론을 기각할 때, 다른 사회성 이론을 가지고서 그리하는 것은 아니라는 점을 덧붙여야 합니다. 이건 사실 예상 밖인데요. 『인간 불평등 기원론』에서 루소는 도착적 사회성 이론의 구실을 하는 것에 대해서, 이

---

59) *Essai sur l'origine des langues*, p. 380. [주경복·고봉만 옮김, 『언어 기원에 관한 시론』, 27쪽.]

렇게 말해도 좋다면, 파괴적 사회성의 구실을 하는 것에 대해서 그만큼 길게 비판하고 있습니다. 루소는 대표적으로 인간의 사악함에 관한 홉스의 이론을 지목하죠. 그렇기 때문에 루소는 자연인에 대해서 "생업, 말, 거처, 전쟁, 인간관계 없이, 또 자신의 동류에 대해 해치려는 욕망이 전혀 없는 것과 마찬가지로 그 동류에 대한 필요라곤 전혀 가지지 않은 채 숲 속을 떠돌아다니는" 것으로 기술합니다.[60] 사소한 구절처럼 보입니다만 "해치려는 욕망"이 "전쟁"이라는 문구와 떨어져 "전쟁"이 언급되고 난 다음에야 "동류에 대한 필요"와 동렬에 놓이고 있습니다. 궁극적으로 루소가 말한 것은 바로 이렇습니다. 그러니까 남을 해치는 욕망이 인간에게 자연적이라고 한다면, 경쟁·폭력·전쟁 속에서 그것이 인간과 인간을 묶는 결속의 형식으로 제시될 수가 있다는 말입니다. 자연적으로 인간이 인간을 해치는 경향이 있음을 인정한다면, 이제 인간에게 인간이 필요한 것은 그의 늑대가 되기 위한, 즉 인간에 대해 동료가 아니라 인간에 대해 맹수이기 위한 것임을 인정하게 되는 것입니다. 다시 말해 인간의 사악함이 뻗칠 대상으로서 인간을 필요로 한다는 말이죠. 그러한 공격 본능을 사회성의 형식, 그러니까 사회에서 살아가는 인간들을 서로를 괴롭히고 서로를 해치는 방향으로 추동하는 비사회적 사회성의 도착적 형식으로 만들게 돼 버리는 셈인 것이죠. 이것은 홉스에게 해당되는 테제처럼 보이는데요. 그런데 루소는 이 테제를 거부하면서 사회성에 관한 두 가지 상이한 테제를 동일선상에 놓는다는 점입니다. 물론 루소는 홉스에 대한 자신의 주요

---

60) *Discours sur l'origine de l'inégalité*, p. 160. [김중현 옮김, 『인간 불평등 기원론』, 88쪽.]

논거를 되풀이하면서 그 테제를 거부합니다. 사회의 기원에다 사회 그 자체와 함께 발전될 수밖에 없는 정념들을 투사했다는 것, 개개인에게 존재하는 도착적인 본능으로 인해 전쟁이 인간과 인간을 잇게 된다고, 따라서 전쟁이 항구적 관계를 전제한다고 생각했다는 것이 그것이죠. 그래서 루소는 이렇게 일반화합니다. 우리가 사악함이라고 부르는 그 것에 대해 말하는 그만큼 선량함에 대해서도 말할 수 있고 또 말해야 한다고 말입니다. 왜냐하면 악덕과 마찬가지로 미덕이 그 이름에 걸 맞게 되려면 인간들 사이에 확립된 관계들, 즉 사회적 구속들의 물질 적 관계이자 정서적이고 이해 가능한 관계를 전제하기 때문입니다. 따 라서 결국 자연 상태의 인간은 인간을 미워하지도 사랑하지도 않으며, 인간의 악을 욕망하지 않는 것처럼 인간의 선도 욕망하지 않는 것입니 다. 자연 상태에서 인간은 사악하다고 말할 수 없고 선하다고 말할 수 없습니다. 왜냐하면 순수 자연 상태는 인간들 사이의 모든 관계보다 앞서기 때문이고, 그 모든 관계와 분리되고 무관하기 때문입니다. 순 수 자연 상태는 어떠한 관계든 그 싹조차도 품고 있지 않습니다. 그 관 계가 어떠한 형식의 사회성을 띠는 관계든 말입니다. 그 사회성 형식 이 올곧게 돼 있든 거꾸로 돼 있든, 긍정적인 것이든 도착적인 것이든 마찬가지라는 말이죠. 그러한 순수 자연 상태에서 인간들은 어떠한 종 류의 도덕적 관계나 공동의 의무도 가지지 않기 때문에 선할 수도 악 할 수도 없을 것이라고 루소는 말하고 있습니다. "야생인들이 악하지 않다고 말할 수 있는 이유는 바로 그들이 선하다는 것이 무엇인지를 모르기 때문이다."[61] 또한 루소는 다음과 같이 말하면서 홉스에 대한 자신의 비판을 마무리짓고 있습니다. "게다가 홉스가 통찰하지 못한 또 다른 원리 하나가 있다. 그것은 단 하나의 자연적 미덕이다. 나는 연민에 대해 말하려고 하는 것이다."[62] 따라서 드디어 우리는 사회성 이론의 세 가지 형식들에 대한 대척점으로서 필연적으로 생겨난 그 수수께끼 같은 개념, 연민에 이르게 된 것입니다. 지금까지는 권리상의 조건들이 부정적이라는 점, 다시 말해 루소가 인간에게 있어 모든 사회성 형식을 인정하지 않는다는 점에 대해 살펴본 것입니다.

이제는 실정적인 것일 수밖에 없는 사실상의 조건들로 넘어가야 합니다. 인간의 고독은 권리상의 부정적 조건에만 기초하지 않기 때문입니다. 그것은 사실상의 실정적 조건에 기초하고 있다는 것입니다.

사회성이라든지, 이어지는 설명들에서는 필요라든지 하는 것들이 사고될 수 없음을 명백히 한다면, 왜 이 시초 상태에서 인간이 자신의 동류에 대해 원숭이나 늑대 같은 존재가 되지 않고 오히려 다른 인간을 필요로 했는가 하는 식으로 생각하는 것은 실상 불가능합니다. 이에 따라 남게 되는 수수께끼를 설명해야 합니다. 자연적으로 인간들이 서로에 대해 우호적이거나 적대적인 어떠한 성향도 품고 있지 않으며, 서로 손을 잡도록 하는 어떠한 성향도 품고 있지 않다는 사실은 분명합니다. 또 자신들의 생리적 필요를 충족시키기 위해 다른 인간들에 의지할 필요도 느끼지 않음은 물론입니다. 남은 것은 인간들이 필요에 의해 강제되지 않는다는 점과 그 필요로부터 방면될 수 있다는

---

61) *Ibid.*, p. 154. [같은 책, 80쪽.]
62) *Ibid..* [같은 책, 80~81쪽.]

점을 설명하는 일이고 이는 아주 중요한 것입니다. 왜냐하면 우리는 그 이후에 벌어진 사회화 과정에 대해 알고 있기 때문입니다. 즉 인간들은 자연의 가혹한 환경 때문에 서로 접근할 수밖에 없었고 차차 사회화되기 시작했다는 점입니다. 처음엔 자연의 냉담함으로 인해 서로 가까워진 인간들은 여러 짧은 만남들을 통해, 이후엔 보다 지속적인 결사체들을 통해 연합하게 됩니다. 따라서 왜 인간들이 사회에 대한 자연적 필요를 일절 가지지 않는가를, 순수 자연 상태에서 사회로 이끌리지 않는가를 설명하지 않으면 안 되며, 왜 인간들이 흩어져 있을 수 있는지를, 따라서 왜 인간들이 고립되어 있을 수 있는지를 설명하지 않으면 안 되는 것입니다. 자, 말하자면 인간들이 그럴 수 있는 이유는 그들의 필요를 이루는 모든 생리적 필요들과 그 만족 대상 사이에 어떠한 거리도 존재하지 않기 때문입니다. 인간들이 사회로 이끌리지 않는 이유, 즉 서로 접근하도록 이끌리지 않는 이유는 자연이 항상 딱 거기에, 직접적으로 가까이에 있기 때문입니다. 그러니까 자연은 필요의 요구에 대해 전적으로 준비된 응답이 될 만큼 항상 매 순간 도처에 있기 때문입니다. 이러한 인간과 자연 사이의, 필요와 그 대상 사이의 직접적 근접성이야말로 필요들이 인간들을 분산시킨다는 말을 납득할 수 있게 해줍니다. 인간들의 분산은 자연의 근접성의 이면인 셈입니다. 인간들은 서로에 대해 멀리 있게 되는데요. 그 이유는 자연이 그들 각각에 대해 가까이 있기 때문입니다. 그들 각자가 어느 장소에 있건 말이죠. 이러한 역설 및 반전 효과가 나타나는 한계 상황은 상상적인 것입니다. 왜냐하면 이러한 한계 상황은 인간 둘이 우연히 만나게 되는 경우가 그들 각자의 필요에 부응하기 위해 동일한 열매를 움켜쥐고 서로 다투는 경우인 자연 상태에서는 거의 일어나지 않을 것이기 때문입니다. 여러분이 알다시피 홉스에게서 전쟁의 기원에 놓이는 이러한 상황으로부터 루소는 단순히 다음과 같은 결론을 이끌어 내는데요. 즉 루소는 인간들이 경쟁에 돌입할 하등의 이유가 없을 것이라고 말합니다. 그와 달리 인간들은 따로따로 자신의 몫인 열매들이 있는 나무들을 찾아 갈라서게 된다는 것입니다.[63] 인간들이 뭉쳐서 서로 돕거나 괴롭히거나 하는 것이 아니라 자신들의 필요를 충족시키기 위해, 그리고 이러한 충족은 어디서든 가능하기 때문에 각자 알아서 갈라설 것이라고 말입니다. 인간들이 서로서로는 갈라선다고 해도 자연과는 갈라서지 못합니다. 그만큼 자연은 항상 인간들과 가까운 것이죠. 그렇기 때문에 요컨대, 인간들이 가진 생리적 필요들은 인간들을 갈라서게 할 수 있는 것입니다. 인간들이 서로 갈라서는 이유는 서로를 피하기 때문이며, 인간들이 서로 피하는 이유는 서로 접근해 봐야 딱히 득 될 게 없기 때문이고 자연은 절대로 그들에게서 벗어나지 않기 때문입니다. 이것이야말로 인간들의 진짜 사회인 것입니다.

지금까지 말한 이러한 이중의 조건, 그러니까 사실이 권리를 중복시키는, 사실의 실정적 조건들이 권리의 부정적 조건들을 중복시키는 이 이중의 조건에서 출발해서 루소는 인간들 상호간의 가능한 연관들을 암시할 수 있는 모든 가능한 흔적이 지워지는 지점까지 자신의 그림을 상세하게 다듬어 내려고 하는 것입니다. 이는 그만큼 달성하기

---

63) "간혹 먹을 것을 두고 다투는 경우도 있지 않을까? 싸워 이기는 것의 어려움과 다른 곳에서 식량을 구하는 것의 어려움을 사전에 비교하지 않고서는 결코 싸움에까지 이르지 않는다." (*Discours sur l'origine de l'inégalité*, note IX, p. 203) [같은 책, 147쪽.]

가 쉽지 않은 장인의 이론적 세공인 것입니다.

확실히 인간이 인간을 필요로 하지 않는다고 해도, 남자는 여자를 필요로 하고 여성에 대한 생리적 필요는 남자가 지닌 동물적 필요들에 속한다고 볼 수 있습니다. 어떻게 루소는 이러한 험로, 이러한 난관에서 벗어나는 걸까요? 루소는 아주 긴 일련의 고찰들을 통해서 거기서 벗어나는데요. 이는 사실 그로부터 벗어나기가 쉽지 않음을 입증하는 것이기도 합니다.

그는 우선 성애amour에 있어 도덕적인 것과 신체적인 것의 구분을 통해 그로부터 벗어납니다. 달리 말해 이는 우리가 이제껏 살펴본 도덕적 필요와 신체적 필요의 구별과 견줄 만한 구분인 것이죠. 즉 이 신체적 필요는 성욕의 형식을 극도로 단순화합니다. 루소는 성욕을 동물적 필요로 만드는 것입니다. 표상·상상·미래에 대한 자각이 없는 것이죠. 궁극적으로 자기의식 및 동일시 능력이 없는 것입니다. 달리 말해 상대에 대한 인정이 없다는 것이죠.

또한 루소는 도덕적인 것 일체에 대한 속성 부여를 통해 난관에서 벗어나기를 이어 갑니다. 즉 사회 안에서는 감정들, 관념들, 관계들, 유대들이 있는데요. 따라서 자연 상태에서 신체적인 것의 속성은 단독적으로만 존재합니다. 어쨌든 남자는 여자를 필요로 한다는 것이죠. 난관에서 벗어나는 루소의 세 번째 방식은 자연인의 사랑이 지닌 신체적 익명성에 의거한 것입니다. 루소는 성적 만남에 대해 말하면서 여성이라면 누구든지 남성에게 좋다고 말합니다. 물론 남자에 대해 이렇게 말하는데 모든 여성에게 모든 남성이 좋다고는 말하지 않죠. 이

시대 아직 상호적이지 않았던 그러한 관점을 드러낸다고 하겠습니다. "여성이라면 누구라도 좋은 것"[64]이라는 점, 이는 매우 중요한 사실인데요. 극단적으로 말해서 성적 만남에서 개별 여성은 존재하지 않는다는 말이기 때문입니다. 성적 만남에서 상대가 식별되지 않는다는 것이죠. 만남이 이뤄지면 누구를 만나는지는 알지 못한다는 말입니다. 다시 말해 남자는 누구랑 육체적 관계를 갖는지를 알지 못한다는 것입니다. 루소가 난관에서 벗어나는 마지막 방식은 근본적 테제를 통해서입니다. 로크가 오랫동안 주장해 왔던 테제와 직접적으로 대립하기 때문에 근본적인 것인데요. 바로 임신과 출산 사이의 기간에 만난 남자에게 여자가 애착을 가질 하등의 이유가 없다는 것입니다. 여러분들은 기억하실 텐데요. 로크는 책임이 자연법이라고 말합니다. 임신과 출산 기간 및 육아 기간에, 그리고 아이들이 출가할 수 있을 때까지 남자가 여자의 곁에 머무른다는 것이죠.[65] 이런 점들이 자연법에 속해 있고 로크의 자연에 기입돼 있었습니다.

　　루소는 여자가 자신이 만난 남자에게 애착을 가질 이유가 전혀 없고, 남자 역시 자신이 만난 여자에게 마찬가지로 그렇다고 설명합니다. 왜냐하면 그들은 한편으로는 무엇이 일어나고 있는지 알지 못하기 때문에, 다른 한편으로는 그 일어난 일이 미래를 가지는지에 대해 알지 못하기 때문입니다. 또 다른 한편, 그들은 스스로를 인지할 수

---

(64) *Ibid.*, p. 158. [김중현 옮김, 『인간 불평등 기원론』, 86쪽.]

(65) "남자와 여자의 연결은 단지 생식만이 아니라 종의 보존을 목적으로 한 것이므로 생식 이후에도 아이들의 양육과 부양에 필요한 정도로 오랜 기간 지속되어야 한다." J. Locke, *2ᵉ Traité du gouvernement civil*, ch. VII, §79. [강정인·문지영 옮김, 『통치론』, 까치, 1996, 86쪽.]

가 없습니다. 자신들이 누구인지를 알지 못하고 스스로를 발견할 수 없다는 말입니다. 그들은 숲 속을 떠돌아다니기 때문에 아무 나무에서나 사라져 버리는 것입니다.

이 모든 점들은 일관성이 있습니다. 엄밀히 말해서 상상의 세계에서 일관성이 있다고 할까요. 단 하나, 실질적인 난점은 아이들의 경우입니다. 여자가 젖을 먹인다고 봐야 하니까 아이들은 얼마간은 어미와 함께 있어야 합니다. 아이들이 가능한 한 빨리 그로부터 벗어나겠지만요. 이는 실질적 난점입니다만, 나중에 루소가 언어 체계의 발명은 십중팔구 아이들의 공적일 것이라고 말할 때 기대어 활용할 것이기도 합니다. 언어가 아이들에 의해 발명되었으리라는 것, 즉 언어의 최초 골격이 아이들에 의해 발명되었고 그래서 아이들이 자신들의 어미에게 말할 줄 알았을 것이라는 것입니다.[66]

마지막으로 저는 여러분께 『인간 불평등 기원론』의 주석 L에서 제시된 바로 그 문제를 이야기하려고 합니다. 루소 주장의 완강함이 어느 정도인지 알고 계신데요.[67] 루소의 테제들은 제법 설득력이 있습니다. 그런데 그것은 별개의 문제고요. 어쨌든 루소는 성생활에 있어 인간적인 관계를 드러낼 수 있는 모든 것은 완전히 없애거나 거의 아무것도 아닌 것으로 만들기 위해 이론적인 면에서 몹시 줄기찬 노력을 하고 있습니다. 거의 아무것도 아닌 것으로 만든다 함은 루소에게서 매우 명확한 개념이 된다는 걸 뜻합니다. 즉 그것은 순전히 우연

---

66) *Discours sur l'origine de l'inégalité*, p. 147. [김중현 옮김, 『인간 불평등 기원론』, 71쪽.]; *Émile*, Livre I, p. 285. [김중현 옮김, 『에밀』, 112쪽.]

67) *Discours sur l'origine de l'inégalité*, pp. 214~218. [같은 책, 165~171쪽.]

적인 마주침의 개념입니다. 성생활에서 마주침이 우연적이라는 건 루소가 취한 단초들에 의거할 때 적합한 말이라고 볼 수 있습니다. 왜냐하면 흩어져서 존재하는 인간들은 우연하게만 마주칠 수 있는데, 성적인 생활은 개개인들을 가깝게 하는 신체적 필요이기 때문입니다. 그렇다면 그러한 가까워짐은 죄다 우연에 속한 것으로 지속 기간이 없는 것일 수밖에 없는 것입니다. 루소는 바로 그 점에 대해 보충하려 하는 것인데요. 성적 만남이 지속되지 않는다는 점을 우리가 받아들이려면 마주침의 순간이 성행위의 순간과 일치해야 한다는 조건이 붙게 됩니다. 이는 전적으로 동물적인 것입니다. 다시 말해 상대방을 인지하고 연속적인 사건들을 예견하기 위해 필요한 표상·상상·동일시 등의 맥락은 전혀 가지고 있지 않은 채 파트너들 사이에서 일어나는 일이란 말입니다.

그러니까 우리가 방금 성생활에 관해서 부각시켜 살펴봤던 이 마주침이라는 범주는 지속도 연속도 없는 우연으로서 마주침, 순간적인 마주침을 뜻하는데요. 루소는 이 범주로써 바로 순수 자연 상태에서 인간들 사이에 일어나는 모든 일을 일반적으로 사고하고 있는 것입니다. 인간들이 흩어져서 살고 있고 고립되어 살고 있지만 서로 만나는 일이 우연히 생겨나는 것입니다. 정의상 이는 우연히 존재하는 것이고, 정의상 지속되지 않는 것이며, 정의상 결과상의 중요성이 전혀 없는 것입니다. 연속성도 가지지 않죠. 인간들은 두 차례 연속으로 만나는 법이 없기 때문인데요. 혹 우연히 두 번의 만남이 생겨난다 할지라도 당사자들에게 이는 처음과 다름이 없는 것입니다. 그들은 비교를 할 줄 모르기에 동일시할 줄도 모릅니다. 또 동일시할 수 없기에 인지할 수도 없고, 인지할 수 없기에 기억할 수도 없습니다. 극단적으로 말해서, 처음 만남에서도 전혀 말을 나누려고 하지 않을 것입니다. 이 마주침에 관련한 대목들은 분명 『인간 불평등 기원론』에서 수없이 등장합니다. "정해진 거처도 없고 서로서로를 전혀 필요로 하지 않는 인간들은 서로 알아보지도 못하고 말을 나누지도 않은 채, 살면서 겨우 두 번 정도 마주칠까 말까 할 것이다."[68] "서로 멀어지지 않는 것 외에는 다시 만날 방법이 거의 없었을 것이다."[69] 인간은 "나무 위를 안심할 만한 은신처로 삼을 수 있으므로 상대방과 마주쳤을 때 어디서든지 도망치거나 싸우거나 택할 수 있는 여지가 있다."[70] 이런 내용의 구절들은 아주 많이 있습니다.

그럼 가장 흥미로운 대목으로 넘어가겠습니다. 지금 여러분께 읽어 드릴 구절에서 루소는 이렇게 설명하고 있습니다. 일찍이 인간이 타인을 사로잡아 노예로 만들고자 했던 상태에 있었다면, 요컨대 공포를 통해 타인이 자신을 따르게끔 하는 상태에 있었다면, 노예로서는 자기 주인이 나무 밑에서 게으름 피울 때를 기다리다 유유히 숲 속으로 도망쳐 버릴 것이라고 말입니다. 숲 속으로 가면 다시 볼 일도, 다시 잡힐 일도 생기지 않겠죠. 숲은 그 정의상 두 번 이상 볼 일이 절대 안 생기는 그런 곳이기 때문입니다. "만약 내가 어떤 나무에서 쫓겨난다면 거기서 벗어나 다른 나무로 가 버리면 될 일이다. 달리 갈 길이 막힌 어떤 곳에서 나를 괴롭힌다 해도 마찬가지다. […] [나의 주인인] 그

---

68) *Discours sur l'origine de l'inégalité*, p. 146. [같은 책, 69쪽.]
69) *Ibid.*, p. 147. [같은 책, 71쪽.]
70) *Ibid.*, pp. 136, 137. [같은 책, 58쪽.]

는 단 한시도 내게 눈을 떼지 않을 결심을 해야 한다. […] 그의 경계가 잠시 소홀해지거나 뜻밖의 소리가 나 그가 고개를 돌리기라도 하면 나는 재빨리 이십 보쯤 달아나 숲 속으로 몸을 숨길 수 있다. 그러면 나를 얽어맨 사슬은 끊어지고 말 것이며 그는 평생 두 번 다시 나를 볼 수 없게 될 것이다."[71]

　　　그렇다면 이제 우리는 이렇게 결론 내릴 수 있겠습니다. 성적 마주침을 최소한으로 축소하는 조건하에서 루소가 사고한 것은 바로 숲이라는 무한한 공간을 떠돌아다니는 인간들 사이의 마주침 속에서 인간들 간의 결속의 부재라고 말입니다. 마주침이란 그 자체로 지워지는 특성을 지니며 그 이후로는 어떠한 흔적도 남기지 않는, 기원도 결과도 없이 무에서 돌발해 무로 복귀하는 일회적 사건인 것입니다. 나중에 자연 상태를 넘어서게 되면, 지속적이고 불가피한 마주침은 분명 전혀 다른 의미를 가질 것입니다. 하지만 루소가 자연 상태에서 사회를 무의 상태로 형태화하는 것과 마찬가지로, 마주침을 제로 상태로 형태화하는 것, 그래서 두 가지 개념, 즉 숲이라는 무한한 공간과 장소 없는 공간에 동일한 실존 조건을 부여한 것은 이론적 관점에서 아주 증상적인 것입니다. 그러니까 바로 이것이 몇 가지 세부사항과 더불어 루소가 순수 자연 상태의 문제에 답하기 위해 필요한 선험적 조건들로서 연역해야만 했던 규정들 전체인 것입니다. 그 문제란 이런 것들이죠. 인간들 사이에서 아무런 관계도 없게 하기 위해서, 순수 자연 상태가 사회의 무의 상태이기 위해서 인간이란 무엇이어야 하는가? 자연

---

71) *Ibid*., p. 161. [같은 책, 90쪽.]

이란 무엇이어야 하는가? 인간과 자연의 관계는 무엇이어야 하는가?

　　　　루소에게 본질적인 것으로서 그 답은 다음과 같은 것입니다. 인간은 우선 동물이어야 한다. 그것은 유적 동물성 개념을 현실화한 것으로, 그 직접성 속에서 충족될 수 있는 신체적 욕구들만을 가진 동물인 것입니다. 이것이 첫째 조건이고요. 둘째는 이렇습니다. 자연은 인간에게 직접적으로 가까이에 있어야 한다. 즉 자연은 인간에게 매 순간 양분과 안식처를 제공해야 한다는 것입니다. 루소가 말하듯 손닿는 데에서, 언제 어디서나 항상 그 욕구보다 더 풍부하게 말이죠. 바로 여기가 양분과 안식처(그늘과 피난처)의 종합으로서 나무숲의 연역, 그리고 인간이 도처에서 먹을 것을 발견하는 보편적 숲의 연역이 시작되는 곳입니다. 그러나 숲의 연역은 이러한 보편적 현존omniprésence · 보편적 아량omnigénérosité을 넘어섭니다. 신체적 욕구에 대한 직접적 응답 이상이라는 말입니다. 숲은 인간들의 분산의 공간입니다. 무한한 공간, 마주침을 방해해 최소의 결속을 산출하도록 하는 공간이죠. 숲이란 인정·동일시·동일성이 없는 공간인 것입니다. 따라서 숲이란 실정적으로는 인간의 신체적 욕구의 직접적 대상으로서 정의됩니다. 허나 부정적으로는 인간들이 사회로 이끌려 가지 않도록 하는 공간의 형식으로서 정의됩니다. 숲은 인간들을 순순히 유랑에 따르도록 하는 거처 없는 공간입니다. 거기서 인간들은 공간에 결속될 수 없기에 인간들에게도 결속될 위험이 없는 것입니다. 대상의 충만함과 마주침 및 거처의 공백이라는 보편성, 이것이 바로 숲인 것입니다. 숲이 이중의 요구를 실현하기 때문인데요. 숲은 강한 의미에서 순수 자연 상태의 인간 동물이 가진 실존 조건들의 개념인 것입니다. 숲이 그 개념에 합치되기를 멈출 때, 즉 나무들이 자라나고 계절이 뚜렷해질 때, 인간은 더 이상 자연에서 자기 집에 있듯이 하지 않을 것이며 자연에서 벗어나 자신의 생계를 꾸려야 할 것입니다. 숲 공간에 거처들이 등장하고 인간들 사이가 가까워지도록 이끌리게 될 것입니다. 즉 사회화 과정이 시작될 것입니다.

순수 자연 상태의 실존 조건인 숲은 이처럼 순수 자연 상태의 무한한 반복과 차이 없음의 개념인 것입니다. 숲은 반복입니다. 언제 어디서나 항상 동일한 것이죠. 그것은 장소들의 차이가 없는 공간, 계절의 차이가 없는 시간인 것입니다. 숲은 기억의 차이 없이, 기호와 관념의 차이 없이 인간에게 있는 신체적 필요의 즉각적인 반복의 대응물입니다. 인간과 숲, 인간과 자연의 이러한 반사적인 대면 그 자체가 차이 없는 적합성의 직접적 반복을 나타내는 것입니다. 그 적합성의 직접적 반복이라는 형태하에 있는 이러한 이중의 직접적 반복이야말로 체계가 기능하도록 해줍니다. 루소에게서 체계가 기능하도록 해주는 것이 그러한 이중의 반복의 대면이라는 말입니다. 하지만 한 가지 절대적 조건, 즉 순수 반복의 조건하에서 말이죠. 그러니까 순수 자연 상태는 그것이 갖는 실존 조건의 단순한 재생산의 상태인 것입니다. 거기서는 아무 일도 일어나지 않고 그저 반복될 따름이며 어떠한 유효한 차이도, 어떠한 발전 원리, 주동적 모순도 내포하지 않습니다. 자체에서 빠져나올 수 없고 무한정 지속되는 것이죠. 『인간 불평등 기원론』에서 루소가 말한 것이 그것입니다. "지금까지 자연인이 잠재적 역량으로 품고 있었던 완전화 가능성 및 여타의 능력들은 자체적으로는 결코 발전할 수 없다는 점, 그러한 발전을 위해서는 다수의 외부 원인들의 우연한 중첩을 필요로 한다는 점을 보여 주었다."[72] "보람 없이 여러 세대들이 되풀이되었고 각각의 세대는 언제나 동일한 지점에서 출발했으므로 최초 시대의 모든 조야함 속에서 수세기가 흘러갔다. 종은 이미 늙었지만 인간은 언제나 어린애로 머물렀다."[73] 자기로부터 빠져나오지 못하는 그러한 무력함이 여기 루소의 텍스트에서 구체적 형태를 지닌 규정들의 귀결처럼 드러나고 있지만, 실제로 이 무력함은 그러한 규정들의 원리인 것입니다. 루소가 여기서 연역해 내고 있는 것은 바로 자기로부터 빠져나오지 못하는 무력함의 형식을 가진 진짜 기원의 분리의 개념입니다. 또 루소는 여기서 연역해 낸 그것을 계속해서 다시 붙들고 있습니다. 왜냐하면 진짜 기원과 가짜 기원의 분리, 따라서 분리된 것으로서 기원이라는 그 개념 자체를 현실화하는 것이 문제였기 때문이죠.

우리가 보는 것은 따라서 이제 루소가 그린 형태 속에서 현실화되었던 것과 같은, 분리된 것으로서의 기원인데요. 하지만 이제 제기되는 물음이 이렇습니다. 만약 이 기원이 근본적으로 분리된 것이라면, 어떤 점에서 그것은 여전히 기원이라고 할 수 있을까요? 무엇의 기원이라고 할 수 있는 걸까요? 오히려 어떤 시작에서 무언가를 할 필요가 없다는 것인가요? 그렇다면 그것은 이어짐 없는 시작이란 말인가요? 자, 정확히 바로 그건데요. 그것이 시작이 아닌 기원인 까닭은 바

---

72) *Ibid.*, p. 162. [같은 책, 91쪽.]
73) *Ibid.*, p. 160. [같은 책, 88쪽.]

로 그 이어짐 없는 시작이 어떤 이어짐을 가졌기 때문입니다. 그리고 이 이어짐 없는 시작이 이어질 수 있는 것은 그것이 그 시작의 이어짐이 아니었기 때문입니다. 그러니까 이 이어짐 없는 시작은 자기의 것이 아닌 어떤 이어짐을 가질 만한 무언가를 내포했던 것입니다. 그리고 이 때문에 루소는 "어떤 이어짐을 가질 만한" 그 무언가라는 점에서 그것을 기원으로서 간주할 수 있는 것입니다. 그 이어짐이 자기의 것이 아니라는 점은 아주 명백하게도 순수 자연 상태가 굴러가는 무한정한 원환이라는 데서 드러나죠. 오직 우발 사건들만이 그 원환을 끊어 버릴 수 있고 어떤 불가피한 발전을 개시할 수 있습니다. 하지만 이 불가피한 발전은 가능한 발전일 수밖에 없습니다. 달리 말하자면, 자연인은 하나의 본성/자연을 가지고 상황이 가하는 압력과 강제에 따라 그 본성을 변양할 수 있어야 한다는 말입니다. 이 본성은 뻔한 것으로 바로 동물성입니다. 이러한 재능에도 이름이 있는데요. 그것이 바로 루소가 완전화 가능성이라고 부른 것입니다. 즉 인간 고유의 능력으로서 그것은 유적 동물의 본능으로부터 잠재적으로 인간을 떼어 놓는 것이며, 인간에게 변화할 수 있는 힘을 부여하고, 새로운 소질들과 새로운 능력들, 즉 지능, 이성, 산업, 무기 등을 얻을 수 있는 힘을 부여합니다. 물론 마찬가지로 사회적 정념들도 부여합니다.

따라서 기원의 상태에서 근원적인 것이 있다면 그것은 바로 완전화 가능성 같은 것이겠죠. 그렇지만 우리가 순수 자연 상태를 생각해 본다면, 순수 자연 상태의 인간에게 부여된 이 완전화 가능성이 그 순수 자연 상태에서는 무가치한 것, 무효의 것임을 확인하게 됩니다. 제가 지금 완전화 가능성에 대해 말한 바는 자유에 대해서도 동일하게 말해질 수 있습니다. 자유는 말하자면 인간의 두 번째 능력인 셈인데요.

루소는 실상 지금까지 자연인의 자유에 관한 어떤 이미지, 즉 주체와 실체의 동일성, 인간과 자연의 동일성과 같은 무언가를 우리에게 제공해 왔습니다. 이러한 이미지는 체계에 의해서 요구된 구체적 소여들만이 개입하도록 할 따름이었는데요. 그런데 이제 텍스트 속에서 단숨에 자유에 관한 다른 규정이 돌발하는 것입니다. 바로 정신적 자유, 의지와 선택의 역량 및 의지와 선택에 대한 정신적 의식입니다. 마찬가지로 여기서 우리가 놀라움에 직면하게 되는 것은 인간의 정신적 자유에 대해 긍정되고 있는 것이 순수 자연 상태에서는 무가치하고 아무런 실존도 갖지 않는 일에 속한다는 점입니다.[74]

이처럼 루소는 완전화 가능성, 자유 등과 같은 기원적 특질들을 인간에게 부여하는데요. 이 특질들은 기원적이지만 기원의 상태에서는 실존하지 않는 그러한 다소 불가해한 특수성을 지닌 것입니다. 연민도 마찬가지입니다. 연민의 경우가 매우 흥미롭다는 것이, 루소에 따르면 연민은 유일한 자연적 덕성이기 때문입니다. 그러니까 반성과 이성에 앞서는 유일한 자연적인 사회적 능력으로 이해해야 하는데요. 하지만 또한 부정적인 사회적 덕성이기도 합니다. 왜냐하면 연민은 인간과, 짐승이나 인간 같은 다른 감성적 존재 간의 관계에서 작용하는 감정이기 때문입니다. 이 관계는 실정적인 사회적 관계가 아닌 것이

---

74) Cf. "짐승의 활동 속에서는 오직 자연만이 모든 것을 행하는 데 반해 인간은 자유로운 동작주로서 그러한 활동에 협력한다는 것이다. 한쪽은 본능에 따라 선택 내지 거부를 하는 것이고, 다른 한쪽은 자유의 행위에 따라 그리하는 것이다."(*Ibid.*, p. 141) [같은 책, 63쪽.]

죠. 연민이 불러일으키는 효과가 인간들 사이를 가깝게 하는 것이 아니라 인간이 인간이나 동물을 해치지 못하도록 하는 것이니까요. 그렇기 때문에 루소는 해치려는 욕망에 기초를 둔 사회성 가설에 대해 설명하자마자 곧장 홉스에 대해 언급하는 것입니다.[75] 루소는 홉스에 반대해 연민이라고 하는 해치지 않으려는 욕망의 감정을 내세웁니다. 하지만 이것은 사회의 개시를 이루는 데 충분치 않은 단순한 회피인데, 왜냐하면 연민은 인간들을 가깝게 만드는 것이 아니기 때문입니다. 연민이란 곧 비관계 속의 관계의 개념이라고 할 수 있겠습니다. 좌우지간 연민이 자연인의 자기 보존 욕망을 부드럽게 할 수 있다고 루소가 말하고 있는 만큼, 연민은 완전화 가능성이나 자유와는 다르게 순수 자연 상태에서, 그러니까 기원에서 확실히 작동 중이긴 한 것처럼 보입니다. 그런데요. 어찌 보면 인간들이 서로 전혀 마주치지 않는 것이기에 크게 중요한 점은 아니라고 할 법한 이러한 긍정을 연민 이론의 내적 논리와 대조해 볼 수가 있습니다. 그 논리란 『에밀』에서 길게 전개된 것인데요. 요약하자면, 연민은 고통이라는 사적 경험, 즉 고통의 기억, 다시 말해 개인적 고통에 대한 어떤 회상이 개입하고, 이어서 고통을 겪고 있거나 겪었던 자아와 지금 고통을 겪는 타인의 자아의 상상적 동일시가 개입하는 복잡한 과정을 전제한다는 것입니다.[76] 그런데 이러한 과정은 그것이 가능하기 위해 자연인에게는 불가능한 기

---

75) *Ibid.*, p. 154. [같은 책, 80쪽.]

76) "그리하여 자연의 순리에 따라 인간 마음을 일렁이게 하는 최초의 상대적 감정, 연민이 싹트는 것이다. 아이가 감성과 연민을 갖추기 위해서는 자신이 겪었던 것을 겪고 있는 […] 자신과 동류인 존재들이 있다는 것을 알아야 한다."(*Émile*, Livre IV, p. 505) [김중현 옮김, 『에밀』, 398쪽.]

억·예견·투사·상상의 체계, 특히 상상과 추상의 체계를 작동시키게 됩니다. 따라서 루소가 기원의 상태에, 순수 자연 상태에 연민을 귀속시킨다면, 어쩔 수 없이 연민은 그 현실화 조건들이 갖춰지지 않은 상태이기에 없는 것이나 마찬가지이며 아무런 효과도 없는 것이라고 결론 내릴 수밖에 없습니다. 결국 이상이 기원을 구성하는 요소들인 것입니다. 처음에 우리는 여러 능력들과 욕구들, 그리고 정념과 자기애 등과 더불어 인간의 동물적 본성/자연을 가지게 됩니다. 이 동물성은 자연 상태에서, 기원에서 작동합니다만, 거기서 인간은 사회적이지도 이성적이지도 않으므로, 또 본성상 말을 하지는 않으므로 인간의 동물성은 어떠한 내적 발전 원리도 내포하지 않습니다. 인간에게서 모든 것은 바깥에서 와야 하는 것입니다. 이어서 우리는 기원에서 그 형태를 갖추는 연민을 가지게 됩니다. 그것은 비관계의 관계이며, 고통 속에서의 회피의 공동체입니다. 따라서 연민은 작동하지 않음은 물론 자연 상태에서 실존하지도 않는 것입니다.

그 다음으로 우리는 정신적 역량 내지 정신적 의식으로서 자유를 가지게 됩니다. 자유는 자연 상태에서 작동하지 않고 실존하지 않습니다. 또 가능성 및 잠재성의 일반 원리, 모든 인간 능력 발전의 일반 원리인 완전화 가능성을 가지는데, 그것은 정의상 자연 상태에서 작동하지 않습니다.

이 네 가지 요소들 가운데 하나, 그러니까 첫 번째 동물성은 자연 상태에 내재해 있고 자연 상태에서 작동하는 것이고, 따라서 기원에서 형태를 지니고 실존하는 것입니다. 그 외 다른 것들은 기원에서 존재하지도 기능하지도 않고, 아무런 효과도 산출하지 않으며, 아무엇도 변화시키지 못하는데 기원에 귀속된다는 그러한 역설적 성격을 띠고 있습니다. 따라서 그것들은 그 귀속에 의해서 현재하고 그 실존에 의해서 부재하는 기원의 속성들인 것입니다. 기원 속에서 그것들은 무슨 일을 하는 걸까요? 그것들은 나중을 위하여, 사회화 및 탈자연화의 진행과정에 개입하기 위하여, 또 무엇보다도 탈자연화의 탈자연화라는 행위에 개입하기 위하여 대기하고 있고 예비하고 있는 것입니다. 예비된 잠재성이라는 그러한 지위를 부여함으로써 루소는 기원의 분리를 지켜 내고 에워쌀 수 있는 수단을 찾아냈다고 말할 수 있겠습니다. 요컨대 루소는 아주 특수한 양태를 띤 것이긴 합니다만 그래도 기원이기는 한 기원인 분리된 기원을 사고할 수단을 찾아낸 것입니다. 여기서 제가 말하고 싶은 건 루소가 홉스를 상대로 한 비난, 즉 기원에 결과를 투사한다는 비난을 과연 루소에게도 보낼 수 있는가 하는 점입니다. 예컨대 자유와 연민을 기원에 투사한다는 비난을 말입니다. 그것들은 기원 속에 있는 사회적 능력들이라고 이해할 수 있으니까요. 하지만 루소는 자유나 연민이 기원에서 어떠한 역할도 하지 않는다고, 따라서 기원에서 일어나는 일을 규정하지도, 기원에서 벗어나는 일을 규정하지도 않는다고 응수할 것입니다. 자유와 연민은 기원 속에 기입되어 있지만 아무런 소용도 없는 것이라고 말입니다. 그것들이 기원에 기입돼 있는 것은 나중을 위한, 그러니까 그것들의 변양들이 결국 사회화 및 탈자연화 진행과정에 기입될 수 있기 위한 것입니다. 그렇지만 무엇보다도 그것들이 기원에 기입되어 있는 것은 그것들의 회복, 즉 탈자연화의 탈자연화에서의, 사회계약의 새로운 기초들 위에서의 회복을 위한 것입니다. 기원이 의미를 갖게 되는 것은 사실상 사회계약에서입니다. 사회계약에서 비로소 자유는 그 상실의 오랜 역사를 뒤로 하고, 인간들의 보편적 의존 관계에 대해 정당한 공동체의 의미를 부여하는 정신적 행위로서 개입하게 됩니다. 사회계약에서 비로소 연민은 반성의 발전을 통해 자연법과 도덕성이 되며, 그 목적으로서 모두의 자유와 평등을 공동체의 정초 행위에 부여하기 위해 개입하게 되는 것입니다. 따라서 계약에서, 그러니까 사회화 진행과정이기에 모험적인 그러한 진행과정을 뜻하는 그 용어에서 자유가, 그리고 연민이 기원으로서 개입하는 것입니다.

여기서 몇 가지 점들을 분명하게 할 필요가 있는데요. 이 기원의 개입이 취하는 형식은 그러니까 **회복**의 형식, 다시 말해 어떤 시작의 재개라는 것입니다. 물론 주의할 것은 그 시작은 일어난 적이 결코 없었다는 점입니다. 이렇게 말할 수 있는 이유는 계약에서 회복되고 있는 것이 바로 기원으로서의 자유와 연민이기 때문이며, 기원에서 자유와 연민은 실존하지 않는 것이기 때문입니다. 마찬가지로 우리는 이렇게도 말할 수 있는데요. 순수 자연 상태에 대한 루소의 그러한 수수께끼 같은 말을 상기해 본다면 루소가 순수 자연 상태를 아마도 결코 실존한 적이 없었던 것이라고 쓰고 있다고 말입니다. 원환으로서의 기원에 대한 근본적 비판에 부쳐지는 순간부터 루소의 기원의 의미는 바로 그것일 것입니다. 가짜와는 구분되는 진짜 기원이기 위해 기원은 분리되어야 합니다. 기원의 첫째 의미는 바로 분리입니다. 그리고 우리가 확인했던 자연의 순수한 상태에 대한 형태화는 그 분리의 현실화인 것이죠. 그런데 그것이 기원이기 위해서는, 그것이 분리된 것임에도 불구하고 진정한 기원이기 위해서는 그것은 잠재적인 것이어야 합니다. 분리된 것이기도 하면서 기원이기 위한 그 종합은 바로 잠재성입니다. 대기하고 예비하고 있으면서 잠재적이어야 합니다. 결론적으로 그것은 그 기원의 위치에 실존하지 않는 것이어야 하는 것입니다. 자연의 순수한 상태에 대한 형태화는 나중을 위한 잠재성으로서 실존하지 않는 위치라고 하는, 제가 말한 그러한 모순을 현실화합니다. 바로 이것이 기원의 둘째 의미입니다. 그러니까 둘째 의미는 나중을 위한 잠재성이고, 첫째는 분리입니다. 그렇다면 이제 실존하고 활동하는 기원이란 기원의 현실적 회복, 그러나 결코 일어난 적이 없다는 의미의 회복인, 기원의 회복과 반복일 수밖에 없습니다. 결코 일어난 적 없는 사건의 반복, 일어난 적 없는 시작의 재개입니다. 왜냐하면 모든 것이 기원에서는 실존하지 않았던 것이기 때문입니다. 이것이 바로 기원의 세 번째 의미, 곧 회복입니다.

그런데 분리되고 잠재적인 것으로서, 그리고 회복으로서 그러한 기원이 정확히 무엇일 수 있는지 생각해 본다면, 루소 속에서 그것을 지칭하는 또 다른 개념을 찾게 됩니다. 바로 **상실**의 개념이 그것입니다. 기원이 일어난 적이 없었던 까닭은 그것이 상실된 것이기 때문입니다. 기원이 회복되는 것이라면, 기원이 한 번도 일어난 적 없는 것으로 정의되는 무언가의 반복이라면, 그 이유는 기원이 상실된 것이기 때문인 것입니다. 그것이 한 번도 일어난 적 없는 것을 반복한다면, 그 이유는 그것이 상실된 것을 반복하기 때문입니다. 결국 이것이야말로 루소에게 있어서 가장 심원하게 일관된 측면일 것입니다. 제가 말씀드린 상실이 기원과 공동의 실체를 이룬다는 것인데요. 우리는 이것을 루소가 이론화한 두 종류의 계약이라는 대목에서 역력하게 읽어 낼 수 있습니다. 이 계약의 이중화라는 건 생소한 것인데요. 루소에게는 마치 기원이 두 가지인 것처럼 계약도 두 가지가 있습니다. 바로『인간 불평등 기원론』을 끝맺음하는 계약과『사회계약론』으로 불리는 논설의 대상이 되는 계약 두 가지인 것이죠. 실상 계약이란 무엇일까요? 그것은 기원의 회복입니다. 근데『인간 불평등 기원론』에 나오는 계약은 어떻게 된 건가요? 알다시피 부자들의 술책은 법의 창설로 귀착합니다. 그리고 나서는 그들의 관리들의 지정, 다시 말해 정치권력의 지정에서 불편한 점들로 인해 고난을 맞이하게 됩니다. 그래서 이 모든 과정의 결과는 무엇입니까? 그것은 전제주의의 창설입니다. 법의 종말이고, 전쟁 상태의 재발인 것이죠. 그리고 이는 한없이 계속되는 것입니다. 한없이 재시작하는 것이죠. 따라서 우리는 기원의 회복 자체가 무한정 <u>스스로</u>를 상실하고, <u>스스로</u>를 회복하며, <u>스스로</u>를 재상실한다는 것을 확인합니다. 따라서 또한 우리는 기원과 그 상실의 동일성의 원환이 스스로를 재구성함을 목도하는 것입니다. 그러니까 그 원환은 기원으로 향하는 것이 아니라 바로 기원의 회복으로 향하는 것이죠. 정확히는 기원 전체의 되풀이로 향하는 것입니다. 이것이『인간 불평등 기원론』과 관련한 것입니다. 그리고 그 뒤에『사회계약론』에서 우리가 확인하게 되는 것은 일반 의지와 법의 계약으로 가는 보편적 소외/양도의 변증법입니다. 그러니까 정치체 전체를 위협하고 전제주의에 빠뜨리는 죽음의 변증법인 첫째 변증법과는 정반대인 또 다른 변증법인 것입니다. 따라서 마찬가지로 상실입니다. 논증은 다르지만 테마는 동일하다는 것입니다.

아마도 이것이 기원에 대한 파악 방식에서 루소와 자연권 철학자들이 가장 공공연하게 대립하는 지점일 것입니다. 그리고 기원 너머에 있는 그들의 이론적 대상들에서, 또한 이 이론적 대상들 너머에 있는 이 대상들이 정치와 맺는 관계에 있어서도 그렇습니다.

　　"정치와 맺는 관계"라는 표현을 쓸 때 제가 말하고자 하는 것은 단지 공공연한 입장 취하기나 이론적 체계들이 갖는 정치적 의미만이 아닙니다. 당연히 우리는 루소가 절대왕정에 대립해 있었으며, 그 자신이 자주적 상업이라 부른 것 속에서 살아가는 자유롭고 평등한 수공업자들이 이루는 평등주의적 민주주의의 지지자였음을 알고 있죠. 제가 "정치와 맺는 관계"라는 말로 뜻하는 바는 물론 그것일 수도 있겠지만 그 이상의 무언가를 뜻하기도 합니다. 즉 그러한 상이한 입장들을 고려해 루소와 그의 모든 선학들과 당대인들을 구별 짓는 것으로서 그것은 자기 자신의 정치적 입장과의 어떤 관계 맺기, 자기 자신의 정치적 테제들을 사고하고 정립하는 어떤 방식인 것입니다. 이렇게 해서 저는 정도의 차이는 있겠지만, 자연권 철학자들과 대척점에 선 마키아벨리에 관해서 감히 꺼낸 바 있었던 말들을 되풀이해 보려고 합니다. 즉 권좌에 자리한 절대왕정을 앞에 두고서 자연권 철학자들은 달성된 사실 속에서 사고했는 데 반해, 마키아벨리는 **달성해야 할 사실**을 사고했다는 점 말입니다.[77] 정도의 차이는 있겠지만, 루소 자신 역시도 전혀 다른 목표들을 가지고서 달성된 사실이 아닌, 오히려 그 달성된 사실을 비판하면서 특정한 방식으로 달성해야 할 사실을 사고합니다. 물론 루소는 마키아벨리처럼 현실주의적 정치에 대해서는 전연 사고

---

77) 1972년 1월에 발표한 강의 내용에 대한 암시이다.

하지 않습니다. 다시 말해 루소는 그러한 달성해야 할 사실을 정치적 요건들과 함께 달성해야 할 어떤 실천적 행동으로서 사고하는 것이 아닙니다. 루소는 이론적 통념들을 가다듬어 어떤 가능한 본질의 한도를 측정하려고 한 도덕론자로서, 철학자로서 그 달성해야 할 사실을 사고하는 것입니다.

그런데 중요한 점은 바로 여기에 있다고 생각하는데요. 루소에게는 가능한 것 전체가 언제나 심연에 매달린 것처럼 나타난다는 점입니다. 루소에게서 모든 계약은 항상 그것의 고유한 죽음에 의해 침식돼 있는 것처럼 나타납니다. 루소에게 모든 회복은 항상 그것의 고유한 상실을 선고받은 것처럼 나타납니다. 한 번도 스스로를 상실한 적이 없음에도 기원이 상실된 것으로만 존재한다면, 그것은 이미 형성된 것과 같은 역사를 취해야 하고, 또 이미 형성된 것과 같은 인간들을 취해야 하기 때문이며, 그 역사를 작동시켜서 그 역사를 회복하고 다른 기초들, 즉 일찍이 전례를 찾아볼 수 없고 세계 내에서 어떠한 보증 장치도 놓여 있지 않지만 죽음과 상실로부터 보호하는 그러한 다른 기초들 위에서 그 역사를 확립하기 위해서입니다. 이러한 입장은 당연하게도 역사와 정치에 대한 특정한 관점을 전제합니다. 또한 한 번도 그에 대해 말한 적이 없는 것이기에 그만큼 역설적인 정치적 행동에 대한 특정한 관점을 전제합니다. 우리가 이러한 점에 관한 분석으로 진입하게 된다면, 그때 우리가 밝혀낼 것은 루소의 유토피아주의, 즉 달성해야 할 사실에 관한 루소의 파악 방식을 특징짓는 것이 바로 그것의 필연성 및 불가능성, 다시 말해 그것의 불안정성에 대한 비범할 정도로 예리한 의식이란 점입니다. 유토피아주의자가 기성사실을 비판하고 기존 세계를 비판한다는 것은 아주 흔한 일입니다. 유토피아주의자가 기성사실에 대한 비판 위에서, 기존 세계에 대한 비판 위에서 달성해야 할 사실과 이룩해야 할 세계에 관한 유토피아적 이론을 수립한다는 것은 마찬가지로 흔한 일이고 평범한 것입니다. 그렇지만 루소의 사고와 여타의 유토피아주의자들의 사고를 구별 짓는 양상은 바로 자신의 유토피아 자체 속에서의 비판적 자기의식입니다. 그것은 유토피아에 대한 사고가 사고되는 바로 그 순간에 유토피아에 대한 사고 자체에 적용되는 비판인 것입니다. 그것은 상실된 것으로 사고되는 기원입니다. 따라서 저는 역사 속에서 루소를 유효한 것으로 만든 여러 근거들이 있겠지만, 바로 이론적이고 정치적인 근거들 때문에 아주 예외적인 곳에 아주 예외적인 자리가 만들어져야 한다고 봅니다. 즉 루소가 가졌던 필연성에 대한 예리한 의식이자 불안정성에 대한 그의 대담한 의식이라고 할 수 있는 비판적 유토피아주의가 바로 그것입니다.

루이 알튀세르 약전

루이 알튀세르는 1918년 8월 16일 알제리 근방에서 태어나 1990년 8월 22일 파리 근교 라베리에르 병원에서 사망했다.

그가 세계적 명사로 알려지기 시작한 것은 1965년 『마르크스를 위하여』와 『자본을 읽자』의 연이은 출간 때부터이다.[1] 알튀세르가 확언한 바에 따르면 당시 그는 마르크스 전문 연구자가 아니었다. 그는 "[자신]만의 마르크스"를 구성해 냈을 뿐이었다. 그것은 유포된 마르크스, 현실의 마르크스보다 더 유물론적이고 더 합리적인, 그리고 덜 헤겔적인 마르크스였다. "이는 마르크스 이론에 관한 내 설명에 특수

---

1) François Maspero, collection "Théorie", 1965. 『자본을 읽자』는 파리고등사범학교에서 열린 세미나에서 연원한 집단 저작물이다. 함께한 다른 기고자들은 에티엔 발리바르, 피에르 마슈레, 로제 에스타블레, 자크 랑시에르이다. (알튀세르와 발리바르의 논문만 실린) 개정된 부분적 재출간물로서 1968년 "Petite collection Maspero" 총서에 포함돼 나온 것이 있다. [(영역판 중역본) 김진엽 옮김, 『자본론을 읽는다』, 두레, 1991.] 이후 에티엔 발리바르의 서문이 추가된 전정판이 PUF출판사의 "Quadrige" 총서에 포함돼 1996년 출간됐다. [김은주·진태원·안준범·배세진 옮김, 『자본을 읽자』, 그린비, 근간.]

한 형식을 부여하고 말았다. 그래서 많은 전문가들과 투사들에게 내가 나만의 마르크스를 제작해 냈다는 느낌을 가져다주기도 했다. […] 난 그것을 기꺼이 인정하는 바인데, 왜냐하면 실상 내가 마르크스로부터 지워 버리고자 한 것이 바로 그의 유물론적 원리들과 양립 불가능하게 보였던 모든 것, 뿐만 아니라 그에게서 이데올로기적인 것으로 존속해 있는 것처럼 보이는 것[…]이었기 때문이다."[2]

어쨌든 그러한 "재구성된" 마르크스는 하나의 지적 사건이었고, 이론적이고 정치적인 파장도 크게 가져다주었다. 그도 그럴 것이 (짧은 문헌들, 논문 및 시론 등이 주종을 이루는) 이후 저작들을 출간할 때마다 알튀세르는 매번 자신의 앞선 이론들을 정정함은 물론, 이미 확립되어 있는 "알튀세르주의"에 대한 교조적인 이해를 불식시키는 새로운 개념들을 제시했기 때문이다.

에티엔 발리바르는 『알튀세르를 위하여』라는 저서를 통해 대비가 뚜렷한 그러한 지적 도정에 관한 결정적인 분석을 내놓은 바 있다.[3]

알튀세르는 개념들을 세공하는 데 있어 놀랄 만한 재주를 지닌 이

---

2) Althusser, *L'avenir dure longtemps*, p. 214. [권은미 옮김, 『미래는 오래 지속된다』, 291~2쪽.]

3) Étienne Balibar, *Écrits pour Althusser*, La Découverte, 1991. [여기 속한 글들의 국역본은 다음과 같이 흩어져 있다. 서관모 옮김, 「바슐라르에서 알튀세르로: '인식론적 단절' 개념」, 『이론』 13호, 1995, 157~200쪽; 선영아 옮김, 「알튀세르여, 계속 침묵하십시오!」, 윤소영 편, 『루이 알튀세르 1918-1990』, 민맥, 1991, 67~102쪽; 김석진 옮김, 「알튀세르를 위한 조사」, 윤소영 엮음, 『루이 알튀세르 1918-1990』, 민맥, 1991, 33~38쪽; 「비동시대성: 정치와 이데올로기」, 윤소영 편역, 『알튀세르와 마르크스주의의 전화』, 이론, 1993, 163~237쪽.] 알랭 바디우가 쓴 소논문을 참조하는 것도 유익할 것이다. in *Petit Panthéon portatif*, La Fabrique, 2008, pp. 57~87. [이은정 옮김, 「루이 알튀세르」, 『사유의 윤리』, 길, 2013, 61~90쪽.] 피에르 마슈레와 앙드레 토젤이 쓴 논문들도 있다. in *Sartre, Lukács, Althusser, des marxtistes en philosophie*, E. Kouvélakis et V. Charbonnier (dir.), PUF, 2005. [토젤의 논문은 따로이 국역되었다. 진태원 옮김, 「알튀세르의 우발성의 유물론의 우발성들」, 진태원 편, 『알튀세르 효과』, 그린비, 2011, 220~266쪽.]

였다. 인식론적 절단, 이론에서의 계급투쟁, 이데올로기적 국가 장치가 그 예다. 각 개념이 등장할 때마다 많은 토론과 연구, 논평들이 줄지어 펼쳐졌음을 볼 수 있는데, 그만큼 사고를 자극하는 그의 능력은 아주 강력한 것이었다. 그의 사후 출간된 "마주침의 유물론"이라는 제목의 수고는 여러 철학자들로 하여금 새롭게 가다듬어지고 풍부해진 용어들 속에서 철학적 유물론의 지위에 관한 물음을 다시 던지도록 만들었다.

알튀세르의 생애 마지막은 비극적이었다. 1980년 11월 그는 정신착란의 발작 속에서 자신의 아내 엘렌을 살해하고 만다. 이후 그는 참기 힘든 고통 속에서 만년을 보냈는데, 이에 대한 그 자신의 회상이 담긴 유작이 바로 『미래는 오래 지속된다』이다.[4] 그는 "살아 있는 죽음"의 삶을 살았던 것이다.[5]

에티엔 발리바르가 베리에르 묘지에서 전한 "작별 인사"는 알튀세르의 눈빛과 목소리를 떠올리는 감동 어린 우정의 표시로 끝맺고 있다. "지난 30년간 그 목소리에 밴 숨결이 제겐 그의 비탄과 그의 활력을 어김없이 가리켜 주는 것이었습니다."[6]

1972년 파리고등사범학교(윌므가街)에서 알튀세르의 허락하에 녹음되어 여기에 옮겨진 이 강의 녹음은 가브리엘페리재단Fondation Gabriel Péri 사이트(www.gabrielperi.fr)에서 무료 열람 가능하다.

---

4) Louis Althusser, *op. cit.*.
5) Étienne Balibar, *op. cit.*, p. 61. [선영아 옮김, 「알튀세르여, 계속 침묵하십시오!」, 69쪽.]
6) *Ibid.*, p. 123. [김석진 옮김, 「알튀세르를 위한 조사」, 38쪽.]

옮긴이 후기

들뢰즈가 『스피노자와 표현 문제』를 썼듯이, 또 푸코가 『칸트의 "실용적 관점에서 본 인간학"에 대한 입문과 역주』를 썼듯이, 알튀세르도 국가박사학위 부논문으로서 철학사 고전을 다룬 작품을 썼다면 그것은 루소에 대한 논의를, 특히 루소의 『인간 불평등 기원론』에 관한 논의를 담았을 것이다. 이는 알튀세르 자신이 한 말이다. 알튀세르의 지적 이력에서 루소는 중요한 위치를 차지한다. 1990년대 이후 현재까지 그 출간이 이어지고 있는 알튀세르 사후 간행물들에 의해 재확인되고 있는 바가 그것이다. 프랑스어로는 2006년에 출간된 『알튀세르의 정치철학 강의』가 얼마 전 후마니타스 출판사를 통해 번역·출간된 덕에 우리는 수강생 필기를 보충물 삼은 1956년과 1966년의 알튀세르의 루소 강의안을 손에 쥐게 되었고, 이제는 알튀세르의 육성 기록, 이 책 1972년 루소 강의록도 볼 수 있게 되었다.[1]

---

1) 1958-59년 루소 강의안도 따로 나온 것이 있다. Emily Jalley, *Louis Althusser et quelques autres: notes de cours 1958-1959*, L'Harmattan, 2014, pp. 82~103.

그러나 알튀세르의 루소론을 말하자면 몇 가지 문헌이 더 거론되어야 한다. 알튀세르가 사망한 뒤 1992년 자서전 『미래는 오래 지속된다』가 나오고, 특히 1994년 「마주침의 유물론이라는 지하의 흐름」이 출간되었을 때, 1980년 전후에 작성된 이 저작들에 담긴 루소에 관한 압축적인 언급들은 많은 독자들을 의아하게 만들기에 충분했다. 왜냐하면 알튀세르의 가장 왕성한 집필 작업 시기인 1960년대 중반에 발표된 논문, 그러니까 루소에 관한 것으로는 거의 유일한 논문 「"사회계약론"에 관하여」(1967)[2]에 담긴 루소에 대한 평가는 매우 다른 듯 보였기 때문이다. 증상 읽기lecture symptomale를 통해 루소의 사회계약론이 가진 이데올로기적 한계를 폭로했던 알튀세르가 돌연 마주침의 유물론 계보 속에 루소를 포함시켜 제시한다. 마주침의 유물론은 알튀세르가 1980년 정신착란 상태에서 부인을 목 졸라 살해한 사건으로 정신병원에 유폐된 뒤 그가 벌인 마지막 이론적 사투로 알려진 것이다. 어쩌면 마주침의 유물론 속에서 루소에 대한 '변화된' 입장만 보고서라도 알튀세르 사상 전개에서 큰 단절이 있다고 생각될 법도 하다. 아니면 적어도 마주침의 유물론에 관한 글이나 대담에서 루소는 종종 "『인간 불평등 기원론』의 루소"라고 한정이 되니 알튀세르가 루소 사상 전개의 '단절'을 지적하고 있는 것이라 여겨졌을 수도 있다. 그러나

---

2) 이 글은 1965년경에 작성되어 1967년 잡지 『분석 논집』(*Cahies pour l'analyse*)에 실려 나왔다. 잡지 측이 해당 호 전체에 대해 붙인 제호가 "장자크 루소에게서 사고되지 않은 것"(*L'impensé de Jean-Jacques Rousseau*)이었다. 그리고 거기 알튀세르 논문에는 "괴리들"(Les décalages)이라는 부제가 붙은 것으로 아는 이들이 많은데, 사실 그것은 해당 호 목차에서만 등장한다. 이러한 사정들이 루소에 대한 알튀세르의 평가를 독자가 판단하는 데서 인상적으로 작용하기도 했을 것이다.

지금까지 나온 알튀세르 사후 간행물들을 따라 차근차근 조각을 맞춰 보면 이러한 오해들이 불식될 수 있다.

다소 어지럽게 연도들이 얽히긴 했지만, 요컨대 핵심은 이렇다. 첫째, 알튀세르 말년의 저술들에서 뚜렷이 나타난 마주침의 유물론 또는 우발성의 유물론은 마르크스주의 변증법의 쇄신이라는 그의 일관된 이론적 작업의 산물이라는 점. 둘째, 그 전개는 20여 년간의 루소 독해의 진전 과정에 힘입은 바가 크다는 점이다. 나아가 셋째, 이 발전된 루소 독해는, 알튀세르가 말한 바에 따르면, 마키아벨리가 왕정주의자였는가 공화주의자였는가라는 물음만큼이나 난제로 꼽혀 왔던 것, 즉 『사회계약론』과 『인간 불평등 기원론』 간의 불일치 문제를 해결한다는 점이다. 첫째 측면에 대해서는 알튀세르 철학에 대한 좀더 포괄적인 논의를 펼칠 기회를 찾도록 하자. 또 둘째 측면은 이 책을 여는 엮은이 서문에 의해 나름대로 틀 잡힌 소개가 이뤄지고 있다. 여기서 우리는 조금만 더 이해를 돕기 위해 셋째 측면부터 역순으로 쟁점들을 거슬러 올라가면서 몇 마디를 보탤 수 있을 것 같다.

알튀세르의 1967년 논문 「"사회계약론"에 관하여」는 사회계약이라는 루소의 이론적 대상이 연속적인 네 가지 괴리들을 거쳐서만 기능한다는 점을 드러낸다. 네 가지 괴리들이란 첫째, 계약은 개인들과 공동체 사이에 이뤄지는데 이 공동체는 계약 이후에야 구성된다는 점, 둘째, 계약을 거쳐 수행되는 것, 곧 개인의 소유와 안전을 위한 총체적 양도는 자기 자신과의 교환이라는 점, 셋째, 일반의지와 동일화되는 일반 이익[3]과 특수 이익은 일치의 관계이면서도 불일치의 관계라는 점, 그래서 결국 루소에게서 이익집단들의 실존에 대한 이데올로기적

부인이 생기게 된다는 점이다. 마지막 넷째 괴리는 이데올로기 속에서는 미래로 비약하고 경제 속에서는 과거로 퇴행한다는 말로 표현되는 것이다. 논문 마지막을 장식하는 말들은 『신엘로이즈』, 『에밀』, 『고백』으로 대표되는 "문학으로의 불가능한 이론적 해법의 전이", 사회계약론의 이론적 "실패" 등이다. 독자들의 뇌리에는 루소 자신의 이데올로기적 한계, 또는 그 한계를 넘어설 수 있는 이론적 관점에 대한 루소 자신의 억압이 크게 남게 된다.[4]

1966년 강의에서 『사회계약론』을 다루는 부분[5]은 1967년 논문의 모체이다. 그럼에도 강의와 논문 간의 차이가 눈에 띄는데, 특히 1966년 강의를 닫는 마지막 한 단락은 앞서 언급한 1967년 논문의 마지막 부분과 뚜렷한 대조를 이루는 것처럼 보인다. "루소는 그러한 최종적 괴리의 공허함을 자각할 수단을 갖는다. 그것은 루소가 『사회계약론』에서 인민 그 자체를 설립하기 위한 (시간, 장소, 풍속 등의) 예외적 조건들을 탐색할 때 반성하고 있는 것이기도 하다. 우리가 발견하는 것은 역사와 입법자, 곧 루소의 역사 개념이다. 인민의 설립이 난점인 까닭은 조건들의 접합이 기적적인 일에 속하기 때문이다. 입법자 및 인민의 존속만큼이나 기적인 것이다. 루소는 사회계약과 헌정의 근본적 불안정성에 대해 의식하고 있었다. 루소의 정치관은 그 자신이 가장 크

---

3) intérêt general. 이는 루소의 용어가 아니라 알튀세르의 용어다. 루소는 intérêt commun(공통의 이익)이라고 쓴다.
4) 논문은 다음의 국역서에 포함돼 새롭게 번역될 것이다. 서관모 옮김, 『마키아벨리의 고독』, 후마니타스, 근간.
5) 진태원 옮김, 『알튀세르의 정치철학 강의』, 후마니타스, 2019, 478~531쪽.

게 의식하고 있었던 역사 개념에 의해 완화된다. 역사의 개념이나 마찬가지인 역사의 불안정성은 그러한 불안정성을 지닌 역사에 대한 예리한 의식에 다름 아니다." 그러니까 이 부분은 루소를 보는 알튀세르의 관점을 말하는 데서 1967년 논문의 위상이 상대화될 필요성을 단적으로 드러낸다.

조금 전에 말한 『인간 불평등 기원론』과 『사회계약론』의 불일치 문제란 사실 무엇인가? 요컨대 그것은 『사회계약론』에서는 자연 상태 또는 전쟁 상태를 지양하기 위한 사회계약을 말하는데, 『인간 불평등 기원론』에서는 "선량한 야생인"의 신화가 말해 주듯 자연 상태가 평온하게 그려지고 그로부터 벗어나는 계약은 부자들이 주도한 부당한 계약으로 제시된다는 데서 생겨난다. 고전적 해석, 곧 칸트적 해석은 『사회계약론』을 법적·정치적 질서의 선험적 구조 분석이라고 간주한다. 그러한 질서의 토대는 어떠한 경험적 요소로부터도 규정될 수 없으며 오히려 그 질서의 가능성 조건에 따라 현실 사회가 규정되어야 한다는 것이다. 알튀세르에 따르면 이러한 해석은 『사회계약론』과 『인간 불평등 기원론』의 관계에 대한 물음을 삭제하는 방식이기에, 정치를 역사와 분리시키는 방식이기에 문제적이다. 『사회계약론』의 시작을 『인간 불평등 기원론』의 끝과 연결해야 한다. "인간은 자유롭게 태어났지만 도처에서 쇠사슬에 묶여 있다." 가능한 해법이 있더라도 그 해법은 필연적으로 이 상태 위에서 구성된다. 우리가 도달해야 할 상태는 그보다 앞선 상태에 의해 끊임없이 위협받는 심연에 의해 규정된다는 점이 중요하다. 결국 앞 단락 인용문에서 역사의 불안정성에 대한 루소의 예리한 의식이란 계약의 보편성이 당사자들 간의 헤게모니 관계에 따라 내적으로 위협받는다는 발상과 관련 있다. 알튀세르가 보기에 루소의 가장 큰 장점은 홉스의 전쟁과 공포, 로크의 자연법과 평화 등과 같은 어떤 본질로부터 사회의 발생을 연역해 내는 목적론적 전통과 결별하고 불연속들의 도약으로 발생을 설명한다는 데 있다. 만약 루소의 체계에서 모순이 있다면, 그것은 역사적이고 정치적인 현실 속에서 그 자신이 식별해 내고자 한 모순들이라는 게 알튀세르의 설명이다.

본서 1972년 강의는 세 차례 강의 내내 『인간 불평등 기원론』이라는 교재를 다루고 있다. 교수 알튀세르는 교재를 펼쳐 놓고 대목 대목 짚어 가면서 자신이 준비한 강의안을 가급적 쉼 없이 읽었을 것이다. 수강생들은 대개 그 내용을 받아 적는 데 치중했을 텐데, 왜냐하면 그들은 미리 고지된 텍스트에 관한 논술 시험을 치러야 하는, 따라서 수험지도 교수가 펼치는 논리 전개 방식을 폭넓게 참고해야 하는 교원자격시험 수험생들이기 때문이다. 그러니까 1966년 강의와 달리 1972년 강의는 『사회계약론』을 직접 다루지는 않는다. 그럼에도 『인간 불평등 기원론』을 중심으로 한 본 강의는 근본적으로 새로운 현실의 구성이라는 계약의 의미를 좀더 명확하게 드러낸다. 그럴 수 있는 이유는 루소에 고유한 발생의 장치에 대한 분석이 이전 강의들에 비해 원환, 공백, 무, 돌발, 마주침의 통념들을 중심으로 체계적으로 제시되기 때문이다.

실제로 루소의 논변이 그 이전 전통에 비해 다소 복잡하게 비춰진다면, 그 이유는 루소에게서 자연 상태가 분할되기 때문이다. 루소는 세 가지 불연속적 계기들로 세분화된 자연 상태를 제시한다. 순수 자연 상태, 세계의 청춘기, 전쟁 상태. 아까 말한 바대로 이행은 불연속들의 도약이다. 곧 우연들, 그러니까 내적 과정에 속하지 않는 외부의 우발 사건들의 개입을 통해서만 그로부터 벗어날 수 있다는 의미이다. 알튀세르는 이 개입들이 없다면 그 상태가 무한정 재생산된다는 의미에서 세 국면들을 원환이라고 표현한다. (실상 탈자연화된 상태인) 나머지 계기들과 달리 독특하게 순수한 자연 상태의 원환을 따로 두는 이유는 기원에 대한 사고를 비판하기 위함이다. 즉 발생을 단선적으로 이해하고 존재자 및 존재자의 본질이라는 범주들 속에서 사고하는 것에 대한 거부인 것이다. 루소는 필연적으로 사회의 무, 사회적 관계의 무, 사회성의 무, 자연권의 무, 자연법의 무일 수밖에 없는 순수 자연 상태에 구체적 형상을 입히기 위해 숲을 제시한다. 숲이라는 이 무한한 공간을 떠돌아다니는 인간들에게는 결속이 존재하지 않는다. 거기서는 설사 인간들 간의 마주침이 있더라도 어떠한 흔적도 남기지 않는 일회적 사건이 된다. 따라서 자연 상태를 넘어서 사회로 넘어가는 것은 그러한 공백에서의 도약이며, 따라서 시민적 상태 내지 사회 상태에는 지속적이고 불가피한 마주침의 상태가 부과될 것이다. 요컨대 루소가 제시하는 이러한 계열들에서 특징적인 것은 인간들 간의 관계의 발전에 관한 모든 변증법을 인간과 자연의 관계가 우선적으로 조건 짓는다는 점, 그리고 이행은 마치 무한정한 순환성의 상황에서 우연들이 요청되듯이, 그런 상황으로부터 벗어나기 위해서는 과정 외부에 있는 우발 사건들의 개입이 필연적이라는 듯이 나타난다는 점이다.

그런데 알튀세르가 말하는 원환 개념의 외연은 좀더 넓다. 알튀세르에 따르면 루소는 언어, 이성, 발명과 같은 현상들의 기원이라는 문제를 논하면서 그 결과가 산출되기 위해 그 결과가 필요하다는 식으로 설명한다. 이처럼 출현 조건들이 현상들에 선행해야 하지만 실상 그 조건들은 그러한 출현에 의해서만 생산되는 현상들에 대해서도 알튀세르는 원환이라는 칭호를 붙인다. 그러니까 루소에게는 언어의 원환, 이성의 원환, 발명의 원환이 있다. (가령 "언어에 관한 지식은 언어의 확립에 필요하다.") 알튀세르에 따르면 루소는 이러한 원환들에 대한 해법을 돌발의 형식으로서 제시한다고 말한다. 원환이 갑자기 끊어지고 무언가가 행해진다. "…하게 될 수밖에 없었을 것이다" 식으로 루소가 현상들을 설명할 때가 그것이 바로 돌발의 징표인 것이다.[6)]

알튀세르가 1956년 루소 강의에서 1972년 루소 강의에 이르기까지 줄곧 강조하는 것은 루소의 역사 개념의 독창성이다. 1972년 강의록은 이전 강의안들에 비해 이 독창성이 무엇인지에 대한 논의가 보강되어 있다. 특히 이는 제2강 끝부분에서 나타난다. 먼저, 알튀세르는 루소에게는 우연성이 필연성으로 전환되는 과정에 대한 사고가 명확히 자리한다고 말한다. 루소에게 나타난 우발 사건과 돌발, 그리고 계약은 필연으로 전환된 우연적인 것들이다. 그런데 우연성이 필연성으로 전환하지만 이 필연성은 그 이전의 필연성과 같은 것이 아니다. 이 행은 상이한 수준들 사이에서 벌어진다. 그리고 나서 지적되는 것, 루소가 역사 발전의 매 국면마다의 상이한 법칙들을 이야기한다는 점과,

---

6) 알튀세르의 이러한 설명은 데리다가 기원의 물음에 관한 "방법서설"로서 루소의 "외재적 목적론"에 대해 말할 때, 또한 "대체보충성의 기록법은 논리로 환원 불가능"하다고 말할 때와 흡사하다. 김성도 옮김, 『그라마톨로지』(De la grammatologie), 민음사, 2010, 특히 572~575쪽 참조. 우리는 루소 독해라는 측면에서 이 1972년 루소 강의에 데리다의 『그라마톨로지』가 미친 영향(또는 알튀세르의 1950~60년대 강의까지 감안했을 때 어쩌면 더 정확하게는 데리다에 미친 알튀세르의 영향)을 말할 수 있을지 모른다.

루소에게 모든 발전은 자체적으로 해결되지 않는다는 점이다. 루소에게는 해결될 수 없는 문제, 해법 없는 원환도 있다. 마르크스의 정식을 비틀어 말하는 것처럼 "인류는 해결할 수 없는 문제들을 제기할 때도 있다."

숨가쁘게 여기까지 오는 동안 우리는 어느덧 1982년에 작성된 것으로 알려진 「마주침의 유물론이라는 지하의 흐름」에 가까이 있음을 알아차리게 된다. "우연성을 필연성의 양상이나 예외로 사고할 것이 아니라, 필연성을 우연적인 것들의 마주침의 필연적 생성으로 사고해야 한다." "마주침에 의해 유발된 응고에서 나오는 법칙들의 필연성은 그 필연성이 가장 안정적일 때조차도 근본적 불안정성에 의해 방해받는다."[7] 그런데 이 마주침 논문에서 루소는 이른바 "당혹스러운" 개념 쌍과 더불어 등장한다. "필연성의 우연성뿐 아니라 이것의 뿌리에 있는 우연성의 필연성을 사고"하는, 또는 "필연성의 우연성을 우연성의 필연성의 효과로서 사고"하는 루소.[8] 필연성의 우연성은 가령 위에서 본 바와 같이 순수 자연 상태에서는 자체적으로 그로부터 벗어날 길이 없으므로 우연들의 개입이 필요했음을 말할 때, 또는 계약의 구성에 내재된 불안정성을 말할 때 지적되는 측면이다. 그렇다면 우연성의 필연성은 무엇인가? 그것은 이를테면 정세의 사고, 계약의 마주침이 발생할 수 있는 조건들에 대한 사고와 관련 있다. 곧 계약의 구성은 지극히 모험적인 정치적 기도이므로 그러한 우연성의 가능성 조건으

---

7) 서관모·백승욱 옮김, 「마주침의 유물론이라는 은밀한 흐름」, 『철학과 맑스주의: 우발성의 유물론을 위하여』, 새길, 1996, 79, 81쪽.
8) 「마주침의 유물론이라는 은밀한 흐름」, 68쪽.

로서 어떤 존재론적 차원을 확보하는 작업이 필요하다("달성해야 할 사실"). 그래서 루소가 제시한 계약은 기존 정치의 형태들 안에서 공백을 발견하고 새로운 마주침의 여지를 둔다. 알튀세르가 이 강의를 닫으면서 말한 "유토피아에 대한 사고가 사고되는 바로 그 순간에 유토피아에 대한 사고 자체"를 비판하는 루소의 의식이란 바로 그로부터 비롯하는 것이다.

* * *

이 책의 번역을 처음 권유한 윤성우 선생님께 먼저 감사의 인사를 드리지 않을 수 없다. 그리고 원고의 많은 오류를 수정해 준 이찬선을 비롯해 초역 원고를 함께 읽은 현대정치철학연구회 선생님들께, 또한 역자의 학업이 지지부진함에도 항상 응원과 지지를 아끼지 않는 꽃씨에게 감사드린다.

프리즘총서 034

루소 강의

발행일 초판1쇄 2020년 1월 6일

지은이 루이 알튀세르 | **옮긴이** 황재민 | **프리즘 총서 기획위원** 진태원

펴낸이 유재건 | **펴낸곳** (주)그린비출판사 | **주소** 서울시 마포구 와우산로 180, 4층

주간 임유진 | **편집·마케팅** 방원경, 신효섭, 이지훈, 홍민기 | **디자인** 전혜경

경영관리 유하나 | **물류·유통** 유재영, 이다윗

전화 02-702-2717 | **팩스** 02-703-0272 | **이메일** editor@greenbee.co.kr | **신고번호** 제2017-000094호

ISBN 978-89-7682-087-7 93100

이 도서의 국립중앙도서관 출판예정도서목록(CIP)은 서지정보유통지원시스템 홈페이지(http://seoji.nl.go.kr)와
국가자료공동목록시스템(http://www.nl.go.kr/kolisnet)에서 이용하실 수 있습니다.(CIP제어번호: CIP2019050734)

철학이 있는 삶 **그린비출판사** www.greenbee.co.kr